U0918139

珍藏本
纪念版

汉译世界学术名著丛书

何为封建主义

〔比利时〕弗朗索瓦·冈绍夫 著

张绪山 卢兆瑜 译

商务印书馆
SINCE 1897 The Commercial Press

2017年·北京

François-Louis Ganshof

QU'EST-CE QUE LA FÉODALITÉ

据布鲁塞尔 1957 年第 3 版、巴黎 2015 年第 5 版与伦敦 1979 年版对照译出

汉译世界学术名著丛书
（120年纪念版·珍藏本）
出版说明

2017年2月11日，商务印书馆迎来120岁的生日。120年前，商务印书馆前贤怀揣文化救国的理想，抱持“昌明教育，开启民智”的使命，立足本土，放眼寰宇，以出版为津梁，沟通中西，为中国、为世界提供最富智慧的思想文化成果。无论世事白云苍狗，潮流左右激荡，甚至战火硝烟弥漫，始终践行学术报国之志，无改初心。

迻译世界各国学术名著，即其一端。早在20世纪初年便出版《原富》《天演论》等影响至今的代表性著作，1950年代后更致力于外国哲学和社会科学经典的译介，及至1980年代，辑为“汉译世界学术名著丛书”，汇涓为流，蔚为大观。丛书自1981年开始出版，历时三十余年，迄今已推出七百种，是我国现代出版史上规模最大、最为重要的学术翻译工程。

丛书所选之书，立场观点不囿于一派，学科领域不限于一门，皆为文明开启以来，各时代、各国家、各民族的思想与文化精粹，代表着人类已经到达过的精神境界。丛书系统译介世界学术经典，引领时代思想，为本土原创学术的发展提供丰富的文化滋养，为推动中国现代学术和现代化进程做出了突出的贡献。

为纪念商务印书馆成立120周年，我们整体推出“汉译世界学术名著丛书”120年纪念版的珍藏本，寄望既利于文化积累，又便于研读查考，同时向长期支持丛书出版的译者、编者和读者致以敬意。

两甲子后的今天，商务印书馆又站在了一个新的历史时间节点上。我们不仅要铭记先辈的身影和足迹，更须让我们的步伐充满新的时代精神。这是商务人代代相传的事业，更是与国家和民族的命运始终紧密相连的事业。我们责无旁贷，必须做好我们这代人的传承与创造，让我们的努力和成果不仅凝聚成民族文化的记忆，还能成为后来人可以接续的事业。唯此，才能不负前贤，无愧来者。

商务印书馆编辑部

2017年10月

上述插画出自海德堡所存14世纪初《萨克森法鉴》彩饰手稿，上图表现的是臣服礼（参见下文，原书第127页）。封君出席封土法庭，坐着将封臣的双手握于自己的双手中间。封臣被象征性地多画了三只手，一只指向自己，其他两只指向他以臣服礼换取的封土——由麦禾表示。

下图显示的是另一种类型封土的封授式。国王坐在宝座上，将一个权杖授予一位主教与一位女修道院院长，而授给三位俗人每人一面旗帜。

上述插画见于 Heidelberg MS.，Cod. Pal. germ. 164，6v. nd 211 摹本，分别代表 Lehnrecht，24，2 及 Landrecht，iii，60，1。从同一手稿转载的其他彩色插画选录，已收入 E. von Künszig，*Der Sachsenspiegel. Bilder aus der Heidelberger Handschrift*（Leipzig，Insel Verlag，1937）出版。同样著名的德雷顿手稿摹本全集收入 K. von Amira，*Die Dresdener Bilderhandschrift des Sachsenspiegels*：*Fascimile Band*（2 parts，Leipzig，1902）出版；对此有一英文评注，见 M. Letts，"The Sachsenspiegel and its Illustrators"，载 *Law Quarterly Review*，xlix（1933）555－574。

中文版序言

清华大学张绪山教授翻译完布洛赫的《封建社会》之后，最近又译成冈绍夫的《何为封建主义》，我很愿意为此书的出版写几句话，表示推荐和祝贺。

《封建社会》和《何为封建主义》，同是关于西方封建的经典名著，前一本书讨论的是广义的封建，所以名之为封建社会，后一本则论述狭义的封建，主要是封君封臣关系和封土等问题。这两位作者可以说是同时代人，两本书也都出版于 20 世纪 40 年代，而且他们两人同是爱国主义者。布洛赫为反抗德国法西斯侵略，献出了自己宝贵的生命；冈绍夫参加两次世界大战，反对德国对比利时的侵略，不过他主要从事文职活动，没有遭遇生命危险。

冈绍夫 1895 年出生于比利时，后入根特大学学习，1921 年获哲学博士学位，1922 年获法学博士学位，1923 年起在根特大学任教，长期教授中世纪史；他师从名史家亨利·皮朗，但没有研究经济史，而是研究法律、制度史，1932 年为教授，1961 年退休，1980 年去世。冈绍夫一生著述颇丰，据说有 600 多种，主要集中在 8—13 世纪的西欧史，但最著名的还是这本《何为封建主义》，该书法文版出版于 1944 年，此后陆续有德、葡、西、英、日等译本，此次中文译本出版，已经是初版七十年之后了。

冈绍夫在他为本书写的引言中，说明他的这本书主要讨论的是一个自由人（封臣）对另一个自由人（封君）服从和服役（主要是军役）的义务，以及封君对封臣保护和维持的义务，而维持的主要办法就是封赐给他一块封土。他说这是法制意义上的封建主义，和广义的封建主义论述政治、社会意义上的封建有所不同，但二者也是相互联系的。他认为狭义封建主义的典型地区，是卢瓦尔河和莱茵河之间，即法兰西、勃艮第-阿尔勒王国和德意志，时间则为10、11、12 世纪，兼及 13 世纪。

冈绍夫研究封建制度，[①]主要使用的资料是当时的法律文书，各种特权证书（charters）、敕令（capitulares）和文书程式（formulae），以及各种习惯法汇编、教会法典等，像法国的布曼诺阿编成的《博韦的习惯》，英国勃拉克顿编成的《英国的法律和习惯》等，有时也使用一些编年史、年代记等叙述性史料。但因为他认为意大利不是封建制度的典型地区，所以没有使用有名的《封土之律》（*Libri Feudorum*），这引起了波考克的惊诧。[②] 他使用的方法可以说是实证性的，即从史料中找寻封君、封臣、委身、效忠、封土等字词，研究这些字词的内容、意义，它们产生时的社会关系，从而建立起西欧的封建制度。

冈绍夫认为封建主义起源于法兰克国家的墨洛温王朝时期，那时已经发生了自由人投身到另一个自由人之下寻求保护并为之

① 虽然这书名“封建主义”，但“主义”一词在中国多指思想、学说等，所以我介绍中还是用“封建制度”，这样中国人比较容易理解。

② 〔英〕J. G. A. 波考克：《古代宪法与封建法——英格兰 17 世纪历史思想研究》，翟小波译，译林出版社，2014 年，第 65 页。

服役的情况，其最初的起源可以追寻到罗马或者日耳曼人那里，所以他说罗马因素和日耳曼因素二者都有（参见下文，原书第 25 页）。墨洛温王朝时委身式和效忠宣誓，还有赐给臣下土地，或者把他豢养于主人家中以维持其生计的情况都已经出现，但二者还没有结合起来。到加洛林王朝时期，举行臣服礼和效忠宣誓以结成封君封臣关系的仪式已经确立，封臣对封君的义务主要是军役，封君赐给臣下以采邑对他维持也成为惯例，而采邑也逐渐转化成为可以世袭的封土。臣服礼和封土封赐结合在一起，如果封臣没有服役义务，那就不可能得到封土，所以可以说，这时封建制度已经建立，冈绍夫称之为加洛林封建主义（参见下文，原书第 39—40 页）。

到 11—13 世纪，封建制度已经建成为西欧封建社会的主要上层建筑，从国王开始，用封建君臣关系和下级联系在一起，国王下面是大封建主，然后层层封授土地（即封土），封建君臣构成等级连锁，下级对上级的义务主要是军役，上级对下级的义务主要是封赐给他一块土地。冈绍夫根据史料，对形成了的封建制度进行了全面的论述——臣服礼和宣誓效忠的仪式、君臣双方的权利与义务、各种形式的封土制、君臣对封土的各种权利、封土的继承与转让、封土上的司法权，以及封建制度和国家的关系，等等。他的这些经典结论为西欧史学家长期遵循，所以西方一度把封建主义等同于冈绍夫，称之为“封建主义的冈绍夫”，或者“冈绍夫的封建主义”。[1] 可以说，狭义封建主义的研究在西欧一直是按照冈绍夫所

---

① Aurell, J. & Crosas, F. edited, *Rewriting the Middle Ages in the Twentieth Century*, Brepols, 2005, p. 227. 此材料承教研室同仁李隆国提供，特此致谢。

建立的模式进行的。

第二次世界大战以后，西方史学界开始了修正主义思潮，对19世纪建立的许多模式进行反思和提出修正，冈绍夫的封建主义模式也不断受到挑战。其中最集中、最有力的，应该是苏珊·雷诺兹的《封土与封臣》一书。顾名思义，苏珊的著作是专门讨论狭义封建主义的，就是集中在封土与封臣这两个问题上，被称为反冈绍夫。[①] 她从分析原始资料入手，旁征博引，搜罗抉剔，指出法兰克国家墨洛温王朝和加洛林王朝时，封臣（vassi）一词和后来的概念不同，加洛林王朝的 vassi，主要是指王室的下属。当时国家与臣民的关系是主要的，不能说社会上主要由个人之间的关系维持。除了封臣外，还有君主和臣民、保护者与被保护者、地主和佃户、雇主和雇工、地方豪强和贫弱者等许多这样的关系。[②] 效忠宣誓主要是臣民向君上的，也没有形成仪式。当时的地产主要是私有财产式的，是自主地（alod），这种地产上没有封君的权利存在，地产上也没有司法权，只在教会地产上有。12 世纪起，西欧出现了专门的法学家，罗马法复兴，一些法学家根据意大利的一部地方习惯法《封土之律》中的记载，总结出封君封臣关系的许多规定和封土的规定，而且把二者结合起来，于是才有了封建主义的概念，形成了封建制度的规定，并且把它应用于观察、论证西欧国家中的情况。但是 12 世纪以前的封建主义和 12—13 世纪后的封建主义是不同的；12 世纪以前的封建主义，根据的是各地方的习惯法的零

① 转引自黄春高："封建主义研究的新动向"，载《世界历史》，1999 年第 5 期。

② Reynolds, S. , *Fiefs and Vassals*, Oxford, Clarendon Press, 1996, p. 33.

碎记载，以后的封建主义，是专职法学家的总结。所以这时封建主义的形成，是国家强大的结果，绝不是原来所说的封建主义是无政府状态的产物。王权强盛方才可以建立等级性的封建君臣关系，方才可以使土地所有成为由君主起的层级的占有。苏珊特别指出英国的封建主义就和国家机构强盛并行。

到了16—17世纪，文艺复兴思潮兴起，中世纪被认为是黑暗时代，日耳曼迁徙说兴起，中世纪早期被视为国家衰弱，氏族关系、个人之间关系占上风，这时法国学者就进一步论述封建主义，把它和日耳曼的原始性联系起来，或者追述其罗马的起源，以后又经过18和19世纪学者研究的积累，到冈绍夫才建成了他的封建主义的大厦。[①] 苏珊的《封土与封臣》对冈绍夫的封建主义的批判可以说是很有力的，但是她的缺点是并没有提出另一个模式来取代它。所以黄春高说她是一个破坏者，而不是一个建设者。[②]

在修正主义史学思潮的影响下，古代史上的罗马衰亡论有了变化，强调的是历史的延续而非断裂，西罗马晚期经济、政治、文化并没有那么衰微，中世纪早期也不那么黑暗了，黑暗时代的称呼已不再使用。皮朗的命题更有不少追随者。特别是本世纪初“古代晚期”研究的兴起和蔚成大观，提出了不少问题。[③] 例如对西罗马

---

① 参见笔者“封建主义概念的由来与演变”，载《封建名实问题讨论文集》，江苏人民出版社，2008年。

② 黄春高：“封建主义研究的新动向”，载《世界历史》，1999年第5期。

③ 关于“古代晚期”说，可参看李隆国“古代晚期研究的兴起”，载《光明日报》，2011年12月12日；李隆国：“从‘罗马帝国衰亡’到‘罗马世界转型’——晚期罗马史研究范式的转变”，载《世界历史》，2012年第3期；还可参看奥康奈《新罗马帝国衰亡史》，夏洞奇等译，中信出版社，2013年。

地区分别研究，指出各地政治、经济情况颇为不同；日耳曼人早就罗马化了，所以他们没有灭亡西罗马，而是一些罗马化的将领和迁徙路上的日耳曼人相遇后，形成了西哥特、汪达尔等民族，所以日耳曼人的种族构成也大有问题，等等。马克思主义史家魏可汉还提出了农民生产方式说，认为在中世纪早期的西欧，地主贵族还没有控制农民，农民没有受到剥削，以家庭为单位进行生产，各家庭之间基本维持平等，而且相互协作，相互帮助，但是农民的劳动也不辛苦。这个生产方式在奴隶生产方式之后，封建生产方式之前。① 这些都给封建主义的研究带来了新方向、新问题。中国的史学界对封建主义、封建社会的讨论，也在热烈进行，其最新的成果就是两本论文集：《封建名实问题讨论文集》、《多元视角下的封建主义》。②

总之，中外史学界，对封建主义、封建社会、封建生产方式的讨论、争论、研究仍然在不断进行，冈绍夫的模式直到今天，仍然是人们研究封建主义的入手处、出发点，所以它仍然有其学术生命和学术价值。张绪山教授将其译为中文出版，对我国学术界可谓大有裨益。谨序。

北京大学历史学系

马克垚

2015 年 5 月

① Wickham, Ch., *Framing the Early Middle Ages: Europe and the Mediterranean 400-800*, *Oxford*, *OUP*, 2005, *pp*. 536-539.

② 北京大学历史学系世界古代教研室主编：《多元视角下的封建主义》，社科文献出版社，2013 年。

目　录

第三部分　典范时代的封建主义

英译本前言

冈绍夫教授的《何为封建主义》(*Qu'est-ce que la féodalité*)初版问世已有六年。在此期间,历史学家们逐渐认识到,该书是对主要封建秩序的考察,它视野开阔、学识宏富、判断稳健,是此等规模著作的典范。它牢固地基于文献事实,所以尽管它的标题是《何为封建主义》,但不应被视为理论解说,而应视为证据的综合。这个考察从封建主义发源的幽晦的黑暗时代,贯穿封建主义组织高度发达的12、13世纪;由于冈绍夫教授的写作技巧,读者从未感受到连续性的断裂。对于这样的考察,资料规模常使历史家感到棘手。

应该补充说明的是,本书的影响在很大程度上是通过作者为自己所做的限定而发挥出来的。冈绍夫教授在引言中写道:"我想集中研究卢瓦尔河与莱茵河之间的地区——这些地区是加洛林政权的核心,封建主义的发源地。在更远的地方,法兰西的南部及德意志的莱茵河以远地区,发展起来的各惯制*,通常在整体上远不能代表封建主义。我不想过多涉及英格兰,几乎完全不想涉及意

* 英文 institution 与法文写法相同,含有"惯例"、"制度"之意,是前现代社会由风俗习惯演化成的习惯性制度,故本书一律译作"惯制"。——中译者

大利。”以往研究封建主义的学者不断地被幻想引入歧途，认为存在一种理想的社会制度类型，这种类型在西欧占据主导地位，在各地展现出相同的本质特征，到处基于一致的条件。冈绍夫教授的研究以一种现实意识为基础，即社会建构源自人们对一种良好生活的本能追求，必定随着时间与环境的不同而不断变化。冈绍夫教授让读者看到的，不是思想中到处存在而现实中无所存在的理念，而是具有加洛林渊源、可以正确地称作“典范封建主义”的东西，在一个宽广但居于中心位置的地区的演化。

虽然冈绍夫教授没有研究英格兰，但所有研究英国封建主义的学者都应密切关注他的著作。他们将发现很多见解可以洞明英国问题，许多资料可以与英国证据相比较。他们会不断地受到启发，注意到在很多情况下，对各社会的比较研究看，差异性与相似性同样具有深远意义。最重要的是，追随冈绍夫对封建体系在法兰西北部、低地国家及莱茵兰地区兴起方式的考察，他们将摆脱这种浑然不知的诱惑，而把英国制度的特殊性视为对欧洲大陆模式的偏离。他们将认识到，英国封建主义是英国历史的产物。

冈绍夫教授的著作，参考最近的研究成果进行了修改，现在由菲力普·格里尔森(Philip Grierson)先生翻译出来，可以方便英国读者利用。对于所有对中世纪社会的结构与演变感兴趣的读者，我竭诚推荐这个版本；除此而外，任何赘语都是不必要的。

F.M.斯滕顿

1950年

导　　言 15

首先需要说明我们的构想。“封建主义”一词（德文 Lehnswesen 或 Feudalismus、英文 feudalism、法文 féodalité、荷兰文 leenstelsel）已经被赋予了众多不同含义。在法国大革命时期，它实际上被用作一个全称性的描述，涵盖旧制度的众多弊端，今天仍在这种意义上被广泛使用。即使不计较这种极不合理的意义上的延伸，仍有许多人试图对它进行分析与界定，这种分析与界定似乎彼此并不密切关联。但是，如果限于考察其本质要素，人们会发现，历史学家是在两种有区别的含义上使用该词的。①

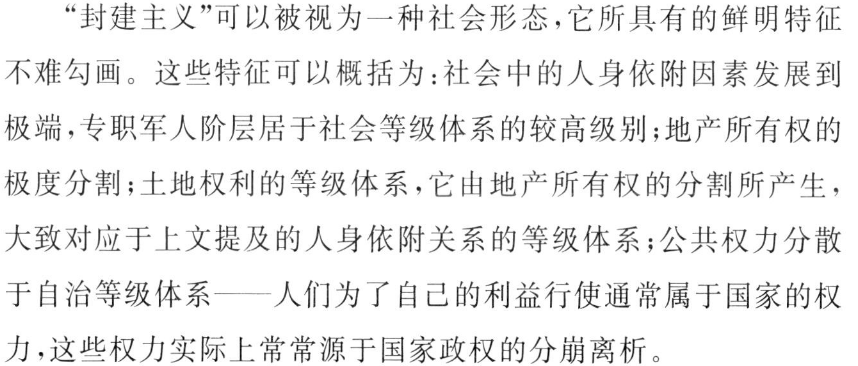

“封建主义”可以被视为一种社会形态，它所具有的鲜明特征不难勾画。这些特征可以概括为：社会中的人身依附因素发展到极端，专职军人阶层居于社会等级体系的较高级别；地产所有权的
极度分割；土地权利的等级体系，它由地产所有权的分割所产生， 16
大致对应于上文提及的人身依附关系的等级体系；公共权力分散于自治等级体系——人们为了自己的利益行使通常属于国家的权力，这些权力实际上常常源于国家政权的分崩离析。

① 苏俄及其他铁幕国家的史学家对这个词语的通常使用方式，在我看来是绝不相关的，不管其著作具有何种优长。

这种社会类型——有时人们也称之为“封建体制”——就是10、11及12世纪西欧存在的社会类型。它产生于法兰西、德意志、勃艮第-阿尔勒王国及意大利，即政权源自加洛林帝国的国家；以及其他一些受这些国家影响的国家：英格兰、西班牙的某些基督教国家、近东的拉丁诸公国。在其他地方、其他时代，存在着一些社会类型，与见于中世纪法兰西、德意志、勃艮第-阿尔勒王国及意大利的封建主义，显示出众多相似性，所以学者们受到引导，去讨论古埃及、印度、拜占庭帝国、阿拉伯世界、土耳其帝国、俄国、日本及其他地区的“封建主义”。历史学家在比较这些国家时，有时勾画出相似点，但进一步考察材料，却不能合理地证明这些相似点，尽管在某些情况下，如就日本而言，其相似性非常接近。[②]

17 刚故去的两位学者约瑟夫·卡尔梅特及马克·布洛赫，在讨论这个意义上的封建主义时，喜欢用“封建社会”这个表述。这种用法如果被普遍接受，会有一个好处：它允许人们只是在赋予它的第二种意义上使用“封建主义”这个词语。

在该词的第二种意义上，“封建主义”可以被视为一套惯制，这套惯制造就并规定了一种自由人（封臣）对另一种自由人（封君）的服从和役务——主要是军役——的义务，以及封君对封臣提供保

---

② 特别参见 O. Hintze，“Wesen und Verbreitung des Feudalismus”，载 *Sitzungsberichte der Preussischen Akademie der Wissenschaften*，*Phil.-Hist. Klasse*，Berlin，1929，pp.321－347。M. Bloch，*La société féodale*，*Les classes et le gouvernement des homes*，Paris 1940，pp.241 ff.，与 *Studien zum mittelalterlichen Lehenswesen*，T. Mayer，Lindau & Constance，1960 引述。亦见 *Encyclopaedia of Social Science* 第六卷关于 Feudalism 的各词条（K. Asakawa 论日本，O. Franke 论中国，及 A. H. Lybyer 论伊斯兰世界各节）；关于日本，见 Joüon des Longrais，*L'Est et L' Ouest*，Tokyo et Paris，1958。

护和豢养的义务。这种豢养义务通常所产生的结果之一，是封君授给封臣一块土地，这块土地称作封土。封建主义一词的这种含义，显然比另一种含义更具限定性且更为专门化。我们可以视之为该词的法律含义，而第一种用法则主要涵盖社会与政治意义。

封建主义的这两种含义是相互关联的。上文我们讨论的这个社会之所以被称作封建主义或封建体制，是因为在这个社会中，封地如果不是其基础，起码也是这种社会类型所具有的土地权利等级体系的最重要的要素。

较之广义封建主义，表示封土-封臣惯制体系的狭义封建主义，更适合于加洛林帝国分裂后产生的政权，以及受这些政权影响 18
的国家。不过，我们再次发现，在其他历史环境中，有一些惯制与西欧中世纪的封建主义具有惊人的相似性。日本的“大名”(daimios)与“武士”(samurai)可以比作封臣，授予他们的土地可以比作封地。阿拉伯与土耳其的“伊克塔”(iktaa)* 也有与此类似的情况。13—16 世纪的俄国，存在非常接近于封臣制的情况，同一时期人们看到的、15 世纪初开始以“庄园”(pemèstie)见称的“有条件所有制”，与封地具有很多相似性。③

在下文中，我讨论封建主义仅限于这个词狭隘的、专门的与法律的意义。社会或国家结构，只有在它对封土-封臣各惯制发挥直

---

* 伊克塔，即由国家公职人员终身占有的土地，起初征收地租，后来发展为世袭支配。——中译者

③ Hintze, *op. cit.*, p.338 ff.; Bloch, *op. cit.*, pp.249 - 252; 关于日本的情况，Joüon des Longrais, *op. cit.*; 关于俄国的情况，亦见 A. Eck, *Le moyen âge russe*, Paris, 1933, pp.195 - 212, 219 - 224 以及 M. Hellmann, *Probleme des Feudalismus in Russland*, 载 *Studien* (见上文，注 2), p.235 ff.。

接影响，或它本身受到封土-封臣各惯制影响时，才会出现在论述中。在这样一个略稿中，即使要对“封建社会”的特点进行肤浅的论述，也是不可能做到的。但是，如果研究者先行领会了“封君”、“封臣”、“封土”的含义，以及它们之间的法律关系，那么，他便可以更好地理解这样一个社会的特点。

19 我主要研究法兰西、勃艮第-阿尔勒王国及德意志的封建主义，因为在这些国家，其根本特点是相同的；尤其是卢瓦尔河与莱茵河之间的地区——这些地区是加洛林政权的核心，封建主义的发源地。在更远的地方，法兰西的南部及莱茵河以远的德意志，发展起来的各惯制，在整体上通常远不是典型的封建主义。我不想过多涉及英格兰，几乎完全不想涉及意大利。这是空间上的限定。至于时间限定，我主要涉及10、11及12世纪，虽然在一定范围内也涉及13世纪。这是封建主义的典范时代，这个时代的惯制体系充满旺盛的活力。但是，为了理解这个惯制体系，需要明白它如何形成于8—9世纪的加洛林君主制结构中，这一点我在引论中加以讨论。典范时代以后的时期不做讨论。

在分析与描述封建惯制时，我尽力清晰地揭示它们的本质特征，因为一旦抓住了这些特征，对研究者而言，在他最关注的这个时代或国家的封建惯制中，就可轻易地找出其确切的特点。列出有关这些惯制运作的插图，为的是让现代的读者能立刻更真实、更鲜明地理解这些惯制；这些插图大部分取自低地国家：佛兰德尔及洛塔林吉亚的各公国。佛兰德尔是中世纪法兰西王国的一部分，而洛塔林吉亚的各公国（布拉班特、康布雷、格尔德尔、埃诺、荷兰、列日、卢兹、卢森堡、那慕尔，等等）则是中世纪德意志王国的一部

分。事实上，在西欧各地区中，当时关于10—13世纪封土-封臣惯
制的材料，几乎没有几个地区比这些“中间国家”更为丰富、更加 20
明晰。④

本书颇受益于学者们过去及现在对封土-封臣惯制所做的研究，但其中提出的一些观点是我个人的，来自我的独立研究。我旨在为受过教育的公众提供一本通史纲要，说明欧洲历史的重要惯制之一，所以在借鉴最新的研究成果时，我略去了浩繁的页注；仅有的注释⑤说明正文所引当时文献的出处。⑥* 为了便于读者进一步研究，（书末）列出了一个简短的参考书目。

---

④ 我们使用 L. Leclère, *La Question d' Occident*, Bruxelles, 1921 所创造、论证的术语。

⑤ 为了使每位读者明白这些文献，我在这些拉丁引文之后附加了法文译文。

⑥ 在这方面，我遵从马克·布洛赫的榜样，见 *La société féodale. La formation des liens de dependence*, Paris, 1939, p.8, n.1。

* 为了符合中国读者的阅读习惯，我们将大段的拉丁原文移于脚注。——中译者

第一部分

起　源

封建主义的起源

1. 墨洛温时期扈从队伍的形成 23

探究中世纪封土-封臣惯制的起源，须求之于墨洛温王朝时期的法兰克王国，尤其是卢瓦尔河与莱茵河之间的法兰克王国的核心地带。

6—7 世纪，墨洛温王朝统治之下，高卢鲜有统一，几无和平，经常陷于完全的混乱状态。其主要原因——每过一些年就会重现——是引起家族纷争的习俗；这种习俗规定，国王死后，其遗产为诸子分享。反复的瓜分促生了奥斯特拉西亚王国、纽斯特里亚王国和勃艮第王国（我们认为此属中心地区），此后，这种状况之外，又增加了地区贵族之间的尖锐对抗。6 世纪，克洛维子孙们的争夺，恰如野兽间的争斗，诸王与豪强们的冲突，暴烈与残酷程度不断增强，直到 7 世纪末。除了争夺权力的政治斗争外，国家不能维持公共和平、保障民众安全。国家政权结构过于原始，供职的官员人数太少且极不可靠，难以履行政府的这个基本职能。

这样一个社会，成为扈从团体，特别是武装扈从团体成长的理 24
想环境。那些感觉需要保护的人，会到更强大的邻人那里寻求保护;与这样的保护相对应的是某种形式的役务。对豪强而言,无论是渴望政治上出人头地,抑或希望趁乱获益,建立或扩大自身势力和财富,都需要有人为之效力——这些人在人身上依附于他们,在私人战争中供其驱使。在极端情况下,自由人也许愿意成为强大保护人的奴隶,而豪强们也许会将奴隶们武装起来,建立个人军队。不过,这些做法都不能被视为典型。更普遍的一种风俗是,一个自由人将自己托庇于另一个自由人,为其提供役务,同时保持其自由身份。当时的文献称这类人为"依附于人的自由人"(ingenui in obsequio)。[1]

这个现象本身并不新奇,新奇之处在于它的广泛传播。如同罗马世界(Orbis Romanus)的其他地区,罗马帝国晚期的高卢地区,对私人士兵团伙的存在已习以为常,他们被称作 buccellarii,[*] 构成显赫之人的贴身侍卫。这种习俗从蛮族入侵中延续下来,至

25 少在卢瓦尔河南部地区延续下来,这是我们从 5 世纪末西哥特国王欧里克(Euric)所颁布的法律中了解的情况。[2] 法兰克人则盛行一种称为扈从队(comitatus)的制度,德国历史学家称之为 Gefolgschaft,这种制度在公元 1 世纪末已见于塔西佗著作中的一段著名文字。[**] 扈从队由一群自由武士组成,他们自愿效力于一位

---

① 这个词汇曾出现在《里普阿尔法》(Ripuarian Law)中(如 *Lex Ribuaria*, ed. F. Beyerle and R. Buchner, M. G. H., *Leges Nat. Germ.*, iii [2], 35 (31), 1.)。

* 意为"得小块者"。该词来自一种饼干(bucella)的名字。由于这种饼干比家兵们日常的定额军粮面包好吃,所以一般分配给那些享有特权的士兵食用。见马克·布洛赫《封建社会》上,商务印书馆,2004 年,第 263 页。——中译者

② *Codex Eurici*, 310 (*Leges Visigothorum*, éd. K. Zeumer, MM. GG., LL. Nat. Germ. I).

** Tacitus, *Germania*, xiii - xiv. ——英译者

首领，以亲密团伙的身份随首领一道为其利益而战。所以，墨洛温时代的武装扈从团伙具有双重渊源，难以断定它是承自罗马前辈多些，还是日耳曼前辈多些。

6—7 世纪那些“依附于人的自由人”，包括社会地位各异的人等。在接受国王人身保护并为国王效力的自由人中，有“亲兵队”成员（antrustiones）。“trustis”（亲兵队）是带有拉丁词尾的法兰克语词汇，该词似乎对应于 comitatus，所以可被视作国王的武装伙伴。“亲兵队”成员享有三倍赎杀金，也就是说，如果他被杀，杀人者需要赔给受害者家族的赎杀金，三倍于其他普通自由人的被杀金。“亲兵团”成员与国王的这种直接关系，使他享有这种具有特殊性的庇护。他是被精心挑选的战士。不论他的出身如何，人们都认为他属于人群中最高的社会等级之一。

只有国王和王后才拥有“亲兵团”。不过，与这类高级扈从并 26
存的是其他自由人，他们“从属国王”（in obsequio regis）即直接依附于国王，或其他豪强与要人——当时的文献称之为“巨室”（optimates）或“显贵”（proceres）。他们成为武装扈从时，似乎一般要被赋予“亲兵”（gasindi）名号。“gasindi”又是一个拉丁形式的日耳曼词汇；它被用来指称这类人员中的所有人，而不管其社会地位如何；这常常是一个地位卑微的阶层，我们发现用在他们身上的是“童仆”（puer）和“仆从”（vassus）等词汇，这些词汇专用于奴隶之身。

Vassus 一词将有巨大前景。该词源于凯尔特语的 gwas，意思是一个年轻男孩即仆人，它很早已拉丁化，变为 vassus。vassallus 的形式似乎源自形容词 gwassawl，意指侍者。在整个墨洛温时代,vassus 意指“奴隶”,此已为 6 世纪初的《萨利克法典》(*Lex Sallica*)所证实,到 8 世纪时尚未完全消失。[3] 但从 7 世纪开始,这个词也用于依附于某个封君的自由人。人们所知的关于该词的最早记录,出自《阿拉曼法典》(*Lex Alamannorum*)和《巴伐利亚法典》(*Lex Baiuuariorum*)。[4]* 这种用法无疑更早,可溯源到公元 700 年之前。

27

2. 委身制

一个自由人对于另一个自由人的保护关系,在拉丁语中被称作“庇护”(patrocinium),拉丁化的日耳曼语称作 mundium 或 mundeburdis,中古法语 maimbour 由此而来。无论是哪种情况,这个词都带有“保护”及“上级权威”的含义。一个自由人置身于另一个自由人的保护之下的法律行为,被称作“委身”(commendatio)。这个抽象名词本身不见于现存的加洛林时代以前的资料,但表示“一个人置身于另一个人权威之下”意义的动词“委身”(se commendare)则频繁见到。甚至在古典时代,这个短语即已带有

---

③ *Lex Salica*, xxxv. 9, éd. K. A. Eckhardt, *Pactus legis Salicae*, ii. 1. 65 *Titel Text*, Göttingen, 1955, p. 236; C. Wampach, *Geschichte d. Grundherrschaft Echternach*, i. 2, Luxemburg, 1930, nº. 17.

④ *Lex Alamannorum*, XXXVI, 3, éd. K. A. Eckhardt, *Leges Alamannorum*, II, Witzenhausen, 1962, p. 38. *Lex Baiuuariorum*, II, 14, éd. E. von Schwind (MM. GG., Leg. Nat. Germ., V, 2).

* 《巴伐利亚法典》是 6—8 世纪巴伐利亚部落法汇编,最初完成于 741 或 743 年,748 年左右扩编,是文献最为丰富的日耳曼部落法之一。——中译者

这种含义，*5世纪见于高卢的西哥特国王欧里克的法典，6世纪则见于图尔的格雷戈里的《法兰克人史》。⑤

对于委身行为，我们从一种程式书中获得较多知识，程式书是一种抽去具体要素——双方姓名、日期与地点等——的契约，它们纳入“程式书汇编”，为各种法律文件提供范本。有一本程式汇编以其诞生地为图尔而被称作《图尔程式书》（*Formulae Turonenses*），其中辑有一份“墨洛温程式”，我们感兴趣的第43款程式，标注的日期是8世纪的第二个二十五年，但就其写作形式和内容，似 28

可回溯到更早的时代。这份资料非常重要，值得全文引录并翻译出来。

“某人委身于另一人势力之下。

致尊贵的封君（甲），我（乙）。众所周知，本人缺衣少食，生计无着，故乞您垂怜；蒙您善意，准许往投于您，委身于您的庇护之下。我已如此为之，您答应帮助我，供我衣食，而我则答应服侍您，尽我能力所及不负您之所望。在有生之年，我定将效劳、礼敬于您，如自由人所应为；我将终生不脱离您的权威与庇护，而以余生听从您调遣，接受您保护。由于这些事实，此约定：若我们中间的一方试图改变协议内容，则须赔偿对方X个索里达币之罚金，而协议本身仍继续有效。双方当

* 比如 Terence, *Eunuchus*, 1039; Caesar, *De bellogallico*, iv.27, 7。——英译者

⑤ *Codex Eurici*, 310 ; Greg. Tur., *Hist*., Ⅳ, 46, Ⅶ, 20, éd. B. Krusch et W. Levison (MM. GG., SS. Rer. Merov. I²), p. 181 et 339. 29

事人拟订、确认内容相同的两份文件，似于我们均有好处。此约。”⑥

在评论此文献之前，需要注意这一点，即这个契约不是用来证明某个人委身于另一个人之事实；这份契约的起草、确认与交付本身更没有产生委身行为。处分条款，即条约的主要部分，体现了起草人的意志，在这里它是由 unde 一词引入的，这个条款只是规定了一项附属义务，即一项处罚条款，是为委身条约本身固有义务所提供的制裁措施。对于后一点，我们只是通过解释（narratio）中的条款即协议的陈述部分了解到的，该部分的内容只是用来解释处分条款并说明其合理性的。

30 从这个解释中我们可以了解到，委身契约的作用是约束双方的一系列义务。委身者承担的义务，是服侍且尊敬他称之为封君（dominus）的人。但前提是，对封君的服侍与尊敬的限度，是他可

⑥ “Qui se in alterius potestate commendat. Domino magnifico illo ego enim ille. Dum et omnibus habetur percognitum, qualiter ego minime habeo, unde me pascere vel vestire debeam, ideo petii pietati vestrae, et mihi decrevit voluntas, ut me in vestrum mundoburdum tradere vel commendare deberem ; quod ita et feci ; eo videlicet modo ut me tam de victu quam et de vestimento, iuxta quod vobis servire et promereri potuero, adiuvare vel consolare debeas, et dum ego in capud advixero, ingenuili ordine tibi servicium vel obsequium inpendere debeam et de vestra potestate vel mundoburdo tempore vitae meae potestatem non habeam subtrahendi, nisi sub vestra potestate vel defensione diebus vitae meae debeam permanere. Unde convenit ut, si unus ex nobis de has convenentiis se emutare voluerit, solidos tantos pari suo conponat, et ipsa convenentia firma permaneat, unde convenit, ut duas epistolas uno tenore conscriptas ex hoc inter se facere vel adfirmare deberent ; quod ita et fecerunt.” *Formulae Merowingici et Karolini Aevi*, éd. K. Zeumer (MM. GG., in-4°), p. 158.

以保持自由人身份；封君一方的义务，则是在衣食上援助和支持委身于他的人。换言之，他同意为委身者提供生计及保护方面的保证，这些就是 mundoburdus 和 defensio 这两个词所蕴含的意义；短语 iuxta quod vobis servire et promereri potuero 是将封臣履行协议规定的义务，作为封君履行其义务的条件。所以，至少就《图尔程式书》表现的形态而言，委身行为完全是一种双向契约。该文献本身宣布，若委身者死亡，则契约废止。可以设想，若封君一方死亡，也产生同样的后果。委身行为在本质上是一种契约，缔结契约的每一方都认为另一方具有某种优点；可以说是“鉴于人的关系”(intuitu personae)而缔结。

图尔程式并未说明缔结契约的方式。不过，一本更古老得多的《马库尔程式书》——大约编成于 7 世纪中期的巴黎地区——保存了一个协议样本，说明了国王接受某人加入“亲兵团”的情况。[⑦]按这些话的字面意思，这份文件描述“在国王手中”(in manu nos-
tra)所做的一个效忠誓言：“亲兵”实际上是将手置于国王手中，同 31
时重复誓言中的话。但是，“亲兵们”是接受国王保护的特殊意义上的人，因此不能从这里得出结论，认为每一个自由人委身于另一个自由人时也如此行事，做出类似的手势动作(德文作 Handgebärde)并宣布效忠誓言。以我们对晚些时候的效忠历史的了解，可以认为他可能这样做；但由于目前缺乏直接证据，明智的做法是承认我们的孤陋寡闻。可以确定的是，契约一定是通过

⑦ *De regis antrustione*, *dans Marculfi Formulae*, i.18, Zeumer, *Formulae*, p. 55.

口头表达的，而且必定伴随着某种特殊的礼仪行动，这是那个时代通常的习俗。

最后应注意的是，委身契约显然具有普遍性，可适用于众多不同情况。图尔程式并没有明确说明封臣必须承担的役务的性质；这些役务可能涉及家务、经济、军事，或者三者都有。所有社会阶层的自由人都可能委身于某个领主。图尔程式的陈述部分告诉我们的，是一个衣食无着的穷人的情况，这种情况显然是最常见的类型（id quod plerumque fit），但不是唯一的类型。

如果说，委身于人的人即"亲兵"或封臣，所应提供的役务可能形式迥异，那么，封君为那些置身于其保护之下的人提供生计时，也有各种可能的选择。

32 最常见的方式自然是由封君直接豢养，或将封臣豢养在家中，或付生活费——其含义较之现代法律用语中该词的含义要宽泛。我们已经研究过的《图尔程式书》中的第 43 款，似乎已经隐约提及这种豢养方式。

3. 恩地

但也可以通过其他手段来实现。在一个以农业为首要经济活动及最重要的财富来源的社会，授予封臣充足的土地以保障其适当的生活，通常是很便捷的做法。委身者可能被给予完全的土地所有权（proprietas），然而，没有文献确凿无疑地证明，墨洛温时期事实上是以这种方式行事。

封君不是将土地赐给委身者，而是将土地授予他作为佃领地。

"佃领地"（英语 tenement、法语 tenure、德语 Leihe）是指这样
一块土地，即所有者将其使用权与收益权长期授予另一个人——
佃领者，因此佃领者可即时地、直接地享有对土地的控制权，即现
代意义上的物权。这样，佃领者获得了罗马法中所谓的"他物
权"[*]。佃领地非常广泛地存在于法兰克王国，就像它曾经存在于 33
罗马帝国历史最后数个世纪一样。这些佃领地属于大地产（vil-
lae）的份地（mansi）；这些大地产并不由所有者自己耕种，而是交
由隶农（coloni）[**]、蛮族移民（laeti）[***]或奴隶耕种，收成归己，但须
缴纳固定地租（census），完成相关劳役。这些佃领地差不多总是
终身持有，而在实际上通常是可以世袭的。

这类佃领地是最常见的，可以说是有偿佃领地，因为佃领者所负担的地租与劳役直接与他持有的土地的价值相联系，沉重地压在他的身上。与此并存的是另一些类型的佃领地，从佃领者角度看，其特色是，他以非常有利的条件领有这些佃领地，不带劳役，地租低廉。有时甚至完全不带有地租，出于某种特殊原因，土地所有者将一块佃领地授予另一人，而不要求任何报酬。

持有这些佃领地所享有的优惠条件，可以说明 beneficium（礼物、恩惠）一词的含义，在当时的文献中，这些佃领地被称作 bene-

---

* ius in re aliena，即 un droit sur une chose appartenant à un autre（对他人之物享有的权利）。——中译者

** colonus 意译为隶农，音译作"科洛尼"（拉丁文 coloni 为 colonus 复数形式）。在古罗马帝国，3 世纪以前主要指租地耕种的人，4—5 世纪主要指介于自由民与奴隶之间的农业劳动者。——中译者

*** laetus（laeti 为 laetus 的复数形式）是指从罗马帝国北部移入帝国境内的蛮族群体，他们被授予一块土地，条件是帝国军队服兵役。在帝国西部，主要是莱茵河以远的日耳曼人。文献资料提到他们是在 3 世纪末及 4 世纪。——中译者

ficium(恩地)。在墨洛温时期的程式书与特许状中,人们经常可以见到这些佃领地。

34 我们发现,有时佃领地的授予者宣布,接受者“由于我们的恩典”(per nostro benefitio,这句话在文中的意思只能是“由于我们的恩典”去经营土地)。还有一个例子,接受者是一个特许状的作者,他宣称,授地者转让给他相关土地时,授予他一块“恩地”(fecistis mihi beneficium de rem vestra)。有时,表述更为清晰。例如,一个特许状的作者向授地者说:“你已准许我们耕作属于你的教堂的一小块土地,以为己用。”(“locello aliquot ecclesiae vestrae… nobis ad beneficium… excolere permisistis”)还有更明确地说,“你准许我们持有这块土地为己所用,以便在享有受益权的情况下去耕种它”(“ipsa villa… nobis ad beneficium usufructuario ordine colendum tenere permisistis”)。事实上,我们也听到这样的说法,即将土地作为恩地使用(sub usu benefitio 或 in usum beneficii ecclesie)。[8] 因此,“恩地”可定义为以很低的条件甚或无偿持有的佃领地,佃领人因授地者的慷慨而获得这份土地。

墨洛温时期的恩地,我们了解最多的,是一种以恳请书(precaria)著称的契约所涉及的授地。Precaria 原是产生于罗马帝国晚期的通俗罗马法中的一种惯制,但它借用了已经废止的古典罗马法的一种惯制的名称 precarium。
35 在这一时期,这种契约赋予授地的接受者以土地受益权。这个契约的产生,由未来的接受者

[8] *Marculfi Formulae*, Ⅱ, 40; *Formulae Andecavenses*, 7; *Marc. Form.*, Ⅱ, 39, Ⅱ, 5, Ⅱ, 6; 见 Zeumer, *Formulae*, p.99 et 100, 7, 98 et 99, 77-79。关于736年穆尔巴赫修道院契约,见 J.-M. Pardessus, *Diplomata*, Ⅱ, Paris, 1849, n° 558。

提出请求，所有者一方则表示答应了请求；两份证书草拟出来作为地契，分别为授地的所有者与受地的佃领者所持有。Precaria 这个名称既可以用于契约本身，也可以用于它所包含的契据文书，尤其是佃领者一方发出的契据文书；prestaria 一词有时用来表示授地人的契据文书。

恳请书促生了一种佃领地，这种佃领地通常具有一定规模，一般为终身授予，支付低廉的地租或根本不付地租即可持有。恳请地主要由教会授予，有时也由国王和大世俗土地所有者授予；这些土地常常包括几个完整的地产，乃至几组地产。恳请地的产生有许多原因。它们可能是用来激励耕作那些仍然荒芜或正在开垦耕作的土地；可能是想诱使佃领者将另一块土地献给授地者，这块土地再以恳请领有的条件授回，这样恳请者交出一份地产而得到两份地产；可能是用来讨好某位重要人物；也可能是用来承认既有的强取豪夺行为，同时保留未来的所有权；等等。

由恳请契约产生的佃领地，是一大批恩地中特别重要的一类。36
我们不能确知其他形式的恩地如何形成，但考虑到这个时代的法律特点，可以设想存在一种法定行动，其中有一套口头陈述，并伴以某种形式的象征性手势动作。

我们想知道的是，在墨洛温时期，封君们是否确曾给那些委身者授予恩地，以保证其生计——这是他们应该做到的事。毫无疑问，这一点有时必定做到了，起码在 7 世纪做到了，虽然我们缺乏直接的证据。735—737 年，阿尔萨斯公爵阿德尔贝尔的儿子埃伯哈尔在一份特许状中声称，他已将一块地产作为恩地（inbeneficiatum habuimus）授予了穆尔巴赫修道院。在这同一份特许状中的一个财产清单的末尾，埃伯哈尔将作为恩地（ad vassos nostros beneficiatum habui）授给封臣的地产归到一处。他显然是在暗示一种广为人知的习俗，甚至可能是久已建立的习俗。[9] 但是，有关这一习俗，我们掌握的现有材料所提供的例证数量不够充足，不足以让我们理直气壮地视之为一种广泛盛行的习俗，无论如何，不能视之为8世纪中叶以前广泛盛行的习俗。

⑨　Pardessus，*Diplomata*，Ⅱ，n° 544，pp.355－357.参见 W.Levision，*Kleine Beitrage zu Quellen der fränkischen Geschichte*，Neues Archiv d.Gesellsch.f.ältere Deutsche Geschichtskunde，xxvii，1902，pp.373－388。

第二部分

加洛林封建主义

引　　言 39

在前一部分中，我们已看到，封臣制是涉及一个人对另一个人表示服从并承担役务的惯制，恩地制则是一种以非常简单的条件由佃领人终身持有的佃领地形式；从墨洛温时代开始，封臣制和恩地制并存于法兰克社会。一个封君可能确实授给封臣一份恩地，以便为后者提供生计，酬报他所服役务，但这两种惯制的结合乃是非常例外的。没有证据说明，这是一种常见或流行的做法；当然也没有证据表明，“政府”即国王或宫相将这样的恩地封授给封臣即亲兵团。

加洛林时期，事情逐渐发生变化。此前彼此互不关联的封臣制和恩地制这两种惯制开始结合起来，形成一种新的惯制体系。正是这个惯制体系，让我们有理由使用“加洛林封建主义”这样的表述。不过，恩地制与封臣制的结合，以及这两种惯制的相互影 40
响，是逐步发展起来的。所以，在下文中，我们必须区分两个显著不同的阶段：加洛林早期阶段与查理曼及后继者的阶段。

第一章　加洛林王朝早期的
41 封土-封臣制度

1. 封臣制和恩地制的结合与这些惯制的传播

封臣制和恩地制正常的(但并非必然的)结合,始于加洛林早期,即查理·马特(716—741 年任宫相)、卡洛曼(741—747 年任宫相)、丕平三世(741—751 年任宫相;751—768 年任国王)时代。至少,抛开法律问题,仅仅将两者的结合作为一个事实时,情况的确如此。

从 7 世纪末期至 8 世纪上半期,法兰克的君权陷入了几无间歇的战事,丕平二世(即"赫斯塔尔的丕平")及其私生子查理·马特势力的崛起,都伴随着数年的内战。阿拉曼尼人、巴伐利亚人、阿基坦人和普罗旺斯人,享有高度的自治,并且总是站在完全独立的边缘,需要不断对他们采取军事行动;为抵御外敌如弗里西亚人、萨克森人和撒拉逊人,也需要进行战斗。为了得到数量充足、
42 装备精良、忠诚可靠的战士,丕平二世,尤其是查理·马特,大规模增加了封臣的数目。他们授给封臣地产,不仅是为了保证封臣应

有的生活，而是为了让他们能够自备必要的军事装备——这些装备更为贵重，此时骑兵已开始成为决定性的兵种——并豢养依附于他们的其他士兵随员。在大多数情况下，这些地产无疑被授予完全的所有权。其中一些地产大概来自丕平二世和查理·马特的家族遗产，一些也可能是王室地产（fiscus），但可以肯定的是，大部分是自教堂、大教堂和修道院剥夺的财产。法兰克教会所拥有的土地财富规模庞大，令人吃惊，甚至在更早的时期，在遭遇类似紧急情况时，国王们已频繁地征用教会土地财富来满足类似的需求。

丕平二世，尤其是查理·马特，对教会地产的剥夺，让教会失去了最重要的收入来源，加剧了其他原因造成的教会的可悲状态：教会纪律颓败，教士道德败坏，大众信仰紊乱，教义和礼拜仪式受到各种迷信和异端习俗入侵，教会品级失序，引得怨声载道。卡洛曼和丕平三世（即“矮子丕平”）——查理·马特的儿子及继承人——在圣卜尼法的启发下，开始寻找某种补救措施，以求改变有害于臣民精神生活的事态，他们不得不拿出办法，解决没收的教会 43
地产问题。

743、744 年召开的三次法兰克基督教会议制定了解决办法。第一次会议（743 年）的集会地点不详，第二次（744 年）在埃诺的埃斯蒂恩，第三次（744 年）在苏瓦松。① 从理论上，所有还俗的财产都应悉数归还，但实际上教会只收回了一小部分失去的财产。国

① A. Boretius, *Capitularia regum Francorum* (MM. GG., in 4°), Ⅰ, 1883 n°s 10, 11, 12. 我们接受 T. Schieffer, *Angelsachsen und Franken*, Akad. d. Wissensch. zu Mainz, Abhandl. d. Geistes *und* Sozialwissenschaftl. Kl., 1950, n° 2 及 *Winfrid-Bonifatius*, Fribourg en Brisgau, 1954, pp. 208-222, 306-307 推出的日期。

家仍然面临的外部危险，使得它极不可能剥夺军事等级所拥有的如此多的财富，而且这个等级无论如何都不打算拱手让出这笔财富。因此，会议决定，统治者——那个特殊阶段的宫相、稍后的国王——将控制这一财产，以终身占有的恩地的形式，授予那些已经占有它的封臣。如果封臣死亡，而事态仍然严峻，统治者需要士兵——如卡洛曼在埃斯蒂恩议事会上颁布的法令所说，“若情况需要”(si necessitas cogat)——那么，他将有权把土地作为恩地重新授给另一个封臣。封臣不因持有恩地而向其封君即君主缴纳地租：他对君主要履行的唯一义务，是由于其封臣地位所应负担的役务。为保证教会对从前财产的所有权，达成的协议是，封臣以恩地形式从统治者那里领有的土地，由封臣同时以恳请领有(precarial
44 tenure)的条件从地产所属的教会那里领有。持有者应向教堂缴纳地租，双方签订“恳请”协议。三十五年后，这种类型的土地被称作 precariae verbo regis，即“依国王命令授予的恳请地”，[②]以区别于教会因自身缘故而授予的土地。

8 世纪中叶新形势的基本特征是，在法兰克王国全境，特别是在卢瓦尔河和莱茵河之间的地区，封臣的数量较以往有巨大增加；在这些封臣中，宫相的封臣——很快成为国王的封臣——的比例增长；最后，越来越多的宫相、国王与其他人物的封臣以无须付租的终身恩地的形式，从其封君那里接受了授予地。而且，这种做法得到进一步推广：8 世纪中叶，丕平三世毫不迟疑地强制法兰克的

② 779 年赫斯塔尔、查理曼的敕令，Boretius，*Capitularia*，i，nº.20，art.13。

众多教会分割遗产；[3]教会遗产中仅有一部分仍为教会有效控制，其余部分——有时是二者中较大的部分——由国王以终身恩地的形式授给封臣，其条件前文已经叙述。为了补偿法兰克教会蒙受的损失，丕平三世命令国内的所有臣民承担义务，向教会缴纳什 45
一税。

此后，事态的发展进入另一阶段，此时宫相或国王不仅开始将没收的教会地产，而且也将家族地产的一部分授予封臣，作为免费的终身恩地。这样的处理方式更为清晰，所引起的纠纷也较少，因为它不涉及还要以恳请领有的条件向教会请求持有的地产。

所以，从丕平二世驾崩（714 年）到查理曼登基（768 年），这半个世纪内情况已经发生了巨大变化。丕平二世统治末年，授予封臣以恩地的做法似乎只是偶尔为之，宫相或国王完全不进行授地活动。查理曼登基时，像统治阶层的其他成员——如公爵、伯爵、大土地所有者即贵族、主教和修道院院长——一样，国王已经在向众多封臣大规模地授予恩地。恩地与封臣制之间虽没有必然的联系，但它们之间的实际结合已经是日常行为。

2. 封臣等级的兴起

社会结构的转变与另一个现象相偕而生。7 世纪时，一个自愿委身于封君而成为其封臣的人，在法律上无疑是自由的，但却是

③ *Annales Alamannici*, *Guelferbytani*, *Nazariani*, a° 751, éd. G. H. Pertz, MM. GG., SS. I, pp. 26 – 27: *Pippinus rex elevatus. Res eclesiarum descriptas atque divisas.*

社会地位低下的人。早期的加洛林王朝以恩地形式向其封臣授予
46 教会的财富，随后又授予自己的大地产，吸引了大批社会高等级的成员，使之进入了自己的封臣行列。越来越多贵族出身的成员，包括像伯爵这样的中央政府在地方的代表人物，现在都准备成为国王的封臣。这些贵族以此种方式掌握的土地财富，又依次使之可以拥有归属自己的封臣。结果是，封臣的社会地位普遍地提高。封臣的地位变成了令人垂涎的身份，一种荣誉的象征；至少在成为国王封臣、获得恩地的酬报时，情况就是如此。这种事态也许可以解释8世纪中期"亲兵团"等级何以消失。封臣身份的变化意味着，这些人没有理由与其他的国王封臣区别开来。

第二章　查理曼及后继者统治下的封土-封臣制 47

1. 名词释义

如果有人研究过查理曼与虔诚者路易统治下的法兰克君主制，以及840年虔诚者路易驾崩后在其废墟上产生的法兰克诸王国的惯制，那么，对于封臣制日益增长的重要性，他会感到吃惊。虔诚者路易驾崩后产生的诸王国包括：将演变为德意志的东法兰克；将演变为法兰西的西法兰克；最后并入德意志的洛塔林吉亚；最终合并为勃艮第王国的普罗旺斯王国与勃艮第王国；意大利王国。以敕令集(capitulare)见称的王室、皇室法令中，有关封臣的规定比比皆是，日益频繁地出现在这个时代的叙事资料和契约书中。

用于描述封臣制的专门词汇已经发生了变化。gasindus(亲兵)一词太过生动，使人想起这种惯制的卑微渊源—— das Ge-
sinde在现代德语中仍表示“家仆”之意——实际上已不复使用。48
Vassus已成为一个常用词语，但人们并不认为它能完全满意地用于所有地方，有时还要伴以一个辩护性的注释。在高卢南部，这个词还会让人想到一种近似奴隶制的状态，可能是这个缘故，以“占星家”见称、为虔诚者路易作传的阿基坦作家，在作品中提到查理曼安置在阿基坦的国王封臣时说，“其他许多人，其族属是法兰克人，照一般的说法，被称作封臣”(alios plurimos quos vassos vulgo vocant, ex gente Francorum)。[①] 但这些疑虑并没有严重妨碍该词的成功使用；自 8 世纪末，它也以 vassalus 的形式使用，在 9 世纪尤其流行。862 年，教皇尼古拉一世写信给西法兰克国王秃头查理，请他宽恕鲍德温一世伯爵时，称后者为“你们的封臣鲍德温”(Balduinus, vassallus vester)。鲍德温一世后来被称作“铁臂鲍德温”，是佛兰德尔家族的先祖，他诱拐了秃头查理的女儿。还有来自法兰克人居住区的许多文献，证明这位教皇并非使用一个仅限于意大利范围的词汇。[②] 9 世纪下半叶，“miles”(士兵)一词开
49 始出现，该词所强调的，是这种惯制所具有的日益增强的军事特征。可为明证的是洛塔林吉亚国王罗退尔二世于 865 年颁布法令，担保人中有一个伯爵名单，由 de comitibus 各字词加以介绍，

① *Vita Hludowici imperatoris*, *c*.3; éd. G.-H. Pertz, MM. GG., SS. Ⅱ, p. 608.

② E. E. Stengel, *Urkundenbuch des Klosters Fulda*, Ⅱ, Marburg, 1956, n° 241, a° 796, pp. 346 - 348 (parmi les témoins d'une donation: *[Uu] olfberen vasalli Baugolfi abbatis*). *Nicolai Ⅰ*, *Papae Epistolae*, n° 7, ed. E. Perels, MM. GG., Epp., in-4°, Ⅵ p. 273. 这个名词经常出现在秃头查理所颁布的契约书中，见 *Recueil des actes de Charles Ⅱ le Chauve*, par G. Tessier, iii, Paris, 1955, p. 414, s. v°。

后面是国王封臣名单，由 de militibus 各字词加以介绍。[3] 另外，还有一个词“homo”（人），该词可以指称任何依附于封君的人，经常在“封臣”这个词的专门意义上使用，例如在虔诚者路易 815 年颁布的一项章程中，这位皇帝就如此提到服从关系（obsequium）：“我们的封臣所习惯的为封君提供的酬报恩地的役务”（nostrates homines de simili beneficio senioribus suis exhibere solent）。[4]

2. 封臣制和恩地制的进一步传播 50

毫无疑问，在 8 世纪下半叶以及整个 9 世纪，封臣对自由人总量的比例在持续增长。这种增长表现在几个方面。在卢瓦尔河与莱茵河之间的法兰克旧壤，封臣契约的数量有相当大的增长；这种制度传播到了王国的边远地区，如莱茵河中游右岸、美因河地区的法兰克尼亚，图林根以及非法兰克地区，如阿基坦、阿勒曼尼亚和巴伐利亚——这些地区的自治权已被查理曼或其前任所剥夺。封

③ *Annales Bertiniani*, a° 865, éd. F. Grat et cons., Paris, 1964 (Soc. Hist. de France), p. 120, 注释（手稿文献：*le Recueil des historiens des Gaules et de la France*, Ⅶ, p. 90, 追溯了另一个手稿中遗失的片段，载有 *de vassallis*）；也参见 Flodoard, *Historia Remensis Ecclesiae*, iii. 23 (ed. J. Heller and G. Waitz in *M. G. H.*, SS., xiii. 529) 对 857—880 年一封信件所做的分析，此信是兰斯大主教欣克马尔写给朗格勒的艾萨克主教的。参见 Flodoard, *Historia Remensis Ecclesiae*, Ⅲ, 23, éd. J. Heller et G. Waitz, MM. GG., SS., XIII, p. 529。

④ *Constitutio de Hispanis Prima*, c. 6, Boretius, *Capitularia*, Ⅰ, n° 132, p. 264 (= R. d'Abadal I de Vinyals, *Catalunya Carolingia*, Ⅱ. *Els Diplomes Carolingis a Catalunya*, Ⅱ, Barcelone, 1952, Apéndix Ⅲ). 参见 aussi *Ibid*. Ⅰ, n° 73, art. 7, p. 165 (a° 811), Ⅱ, n° 204, § Ⅲ, art. 3 et 5, p. 71 (a° 847)。

臣制也被引入了意大利，并迅即有了自己的某些特点，因为封臣的地位在那里受到伦巴第亲兵（gasindus）地位的影响。但封臣制并没有非常深入地渗透到弗里西亚和萨克森这样的新征服的日耳曼地区。无可怀疑的是，封臣制的传播与大地产体系的扩展及庄园（villa）框架下的土地开发密切相连。这类财产及这种耕作方式，
51 更能使封君把恩地分配给封臣，在许多情况下，更能让封臣把恩地再分配给他们自己的封臣。

实际上，认识到这一点很重要，即被赋予相当大面积的恩地的封臣们，通常会获得其他封臣来完成他们的役务。毫无疑问，这常常是按照其封君的明确意愿去完成的，因为他们可借此征集起大量战斗人员来完成封君的役务。他们会将许多这样的次级封臣直接豢养于家中；9世纪初，大多数次级封臣可能仍然被这样豢养。但他们更乐于给其中一些人授予一块恩地，这份恩地也许出自其家族世袭遗产的自主地（alodis、allodium），也许是他们自身持有的恩地中的一片地，如份地。9世纪以后，封君的封臣将恩地再授予其封臣的做法逐渐变得更加普遍。

自查理曼统治时期以后，封臣制得到异乎寻常的传播，是多重元素发挥作用的结果。首先，这样的扩展代表了国王与皇帝们处心积虑追求的一种政策。他们凭借增加封臣数量，对伯爵、侯爵和公爵这样的官员强施义务，使之进入国王封臣行列，希望以此加强自身权威：加洛林王朝试图凭借封臣对封君应有的效忠，强化官员因持有的官位对他们应有的服从。由于国家首脑的鼓励，这同一
52 政策也被较重要的官员施之于更低级别的官员；同样，也被大教会机构——如大教堂与修道院——的首脑施之于俗界中其权威的主

要代理人。稍后，至少从虔诚者路易统治的后半期（830—840 年）开始，那些通常被授予官职的豪强，都自然地热衷于建立自己的封臣集团，以便增强军事势力，待价而沽，支持这个或那个政治派别。最后，在一个内战频仍、动荡不安，蛮族——诺曼人、斯拉夫人、阿拉伯人和匈牙利人——入侵不断的时代，小土地所有者渴望安全的愿望必定受到高度重视。他们希望得到保护，又想保持自由人身份，避免混同于那些在土地上从事实际耕作的等级，因而忧心忡忡、进退维谷。破解其难题的最简单的方法，就是被某个更大的封君接纳为封臣，进入合格的武士等级。

当年《圣伯尔丁奇迹》（*Miracula S. Bertini*）的作者记载 891 年维京人入侵阿河（Aa）和利斯河（Lys）上游地区时，向我们描绘了一种社会状态；对于 9 世纪最后几十年的加洛林帝国大部分地区，至少其西部地区，这种描述必定是真实的。在谈到上层社会各等级时，作者将大多数人与一小部分人加以对照：大多数人已经接受了封臣地位，一定要追随其封君参加任何征伐行动；另一部分人数量小得多，他们拥有足够的维持自主地位的自主地产，所以只承
担国王要求所有臣民承担的那些义务。[5] 53

[5] “Pene nobilitas terrae ex multo iam tempore ob amorem vel dominatum carorum sibi dominorum abscesserat, nativitatis patria relicta, praeter paucos, qui ita hereditariis praediti errant patrimoniis ut non esset eis necesse subdi nisi sanctionibus publicis1.” *Miracula Sancti Bertini*, c. 8, éd. O. Holder-Egger, MM. GG., SS. XV, 1, p. 513.

3. 国王的封臣

8世纪末及9世纪所具有的特点，不仅表现为封臣制和恩地制的传播，而且也表现为另一个现象的强化，即封臣社会地位的提高；这个现象，我们研究加洛林早期历史时已经注意到了。

这种社会地位的提高，在国王封臣方面自然比其他封臣更为显著。由于与国王关系亲密，并被委以重任，“国王的封臣”（vassi ou vassalli dominici）受到特别的重视；在字面意义上，“主子的封臣”这个短语可涵盖任何封君的封臣，但实际上仅用来称呼“国王封君的封臣”。文献有时以“荣耀”（honor）来描述给予他们的这个受人尊敬与重视的称号，⑥其意义引申到英文的 honour 及法文的 honneur。国王封臣中，那些获得恩地的封臣——当时的专门名词称作 casatus —— 所享有的威望远远高于其他封臣。9世纪初的一位编年史家，以轻蔑的语气，将国王豢养在宫中的封臣称为
54 “贫穷封臣”（pauperiores vassos）。⑦ 到查理曼统治末期，一个圆满完成其役务的封臣，通常都期望有朝一日能在帝国某处获得一份恩地。

实际上，加洛林家族依靠给国王封臣授予恩地，已经使国王封臣遍布于境内。在帝国境内许多地区，他们以这种方式培植了许多可以依赖的群体，这些人所提供的役务与援助——通常因他们

⑥ 779年赫斯塔尔的敕令，c.9，Boretius，*Capitularia*，i，n° 20，p.48。

⑦ *Annales Laureshamenses*，a° 802，éd. G.-H. Pertz，MM. GG.，SS. Ⅰ，p.38 et 39.

的封臣所提供的役务与援助而得到补充——保证了国王的不时之需。丕平三世和查理曼在新征服的地区，如阿基坦[8]、意大利和巴伐利亚，推行这项政策特别彻底；在这些地区，从先前统治者或叛乱者手中没收的土地，一部分变成了国王封臣的恩地。查理曼的继承者追随其榜样行事。相对于其他封臣，给予国王封臣的优异地位，见于792—793年查理曼制定的向国王宣誓效忠的规定。国王封臣须像主教、修道院院长和伯爵一样，将手置于钦差（missi dominici）手中宣布效忠誓言，而其他的封臣则像普通的臣属一样，将手置于伯爵手中宣布效忠誓言。[9] 55

4. 其他封君的封臣

公爵、主教、男女修道院院长的封臣，以及其他封君的封臣，所处的社会等级迥然殊异；即使在查理曼统治时，他们中间也有农奴（serfs）或其他非完全自由的人，尽管这样的情况非常罕见。[10] 获得恩地的封臣（vassi casati），地位最为显赫；但是，除了对恩地的持有，还有其他等级标准。例如，一个高等级的人，由于某种原因成为某个更有权势的人物或某个教会机构的封臣，他就可以继续

---

⑧　768年丕平对阿基坦的敕令，c.5 et 9，Boretius，*Capitularia*，Ⅰ，nº 18，p.43；789年查理曼颁布的*Breviarium Aquitanicum*，c.6 et 9，*Ibid*.nº 24，p.65。亦见前文，原书第44页及注1所引占星家文。

⑨　*Capitulare missorum*，a^{is}792－793，cc.2，4，Boretius，*Capitularia*，i，nº.25，pp.66－67.

⑩　*Ibid*，c.4，p.67.关于敕令的日期，见我的*Recherches sur les Capitulaires*，Paris，1958作为附录附后的A. Verhulst发表的表目。

享有他凭借个人权威或财富赢得的敬意。9世纪时随着事态的发展，这类情况越来越频繁地出现，肯定大大有助于封臣主体的社会地位的普遍提高。

这种社会地位的提高，可以说明封臣与这种人之间愈益明显的区别：他们请求并获得了另一个人的保护（法语称作“maim-
56 bour”），其条件是为保护人提供比一个战士的役务更卑微的役务；“vassus”这个词语也不再用于他身上。封臣，不管出身或家庭财富如何平庸，至少拥有一匹马和武装（长矛、剑和盾牌），即使马和装备可能属于其封君。[11] 正是因为这一切，他进入了另外一个迥异于家仆和农夫的世界。

5. 封臣关系产生的法律形式

封君和封臣关系赖以产生的合法形式，清晰地见于涉及虔诚者路易统治的两份文献。837年，皇帝把弗里西亚和塞纳河之间土地的名义统治权交给了他年轻的儿子秃头查理。838年，又将塞纳河和卢瓦尔河之间的土地并入这个纽斯特里亚地区。《圣伯丁编年史》记载了前一事件：“在上述地区获得恩地的主教、修道院院长、伯爵和国王封臣自愿委身于查理，并宣誓效忠。”（episcopi, abates, comites et vassal dominici in memoratis locis beneficia habentes, Karolo se commendaverunt et fidelitatem sacramento firmaverunt）关于838年的事件，以“占星家”见称的虔诚者路易

[11] 见上注所引文献。

的传记作家这样写道："纽斯特里亚省的豪强们将手伸向查理，并凭圣物宣誓效忠。"[12]首先是被称作一个包含手势的委身礼的行 57
动(se commendaverunt et et manus dederunt)，其次是效忠宣誓行动。

6. 委身行为

委身之人须将双手置于另一人手中——他将成为这个人的封臣。文献说某人以其双手委身成为封臣(in vasatico se commendare per manus)；manus suas commendare 的字面意思是"付托双手"；in manus 或 in manibus N. se commendare 的字面意思则是"将自己付托到某人手中"。[13] 后一段文字表明，未来封君的双手在仪式中扮演着一种积极角色。对委身行为极明确的描述，见于伊莫德乌斯·尼格卢斯(Ermoldus Nigellus)的记载，这个记载涉及 826 年丹麦国王哈罗德对虔诚者路易的委身仪式：

"很快，他合着双手，将自己付托给国王……

国王将他的双手握在自己荣耀的双手中。"

---

[12] (Neustriae provintiae primores Karolo et manus dederunt et fidelitatem sacramento obstrinxerunt). *Annales Bertiniani*, h. a°, p. 23. *Vita Hludowici Pii*, c. 59, p. 644.

[13] *Annales regni Francorum*,(文献原文), a. 757, éd. F. Kurze, Hanover, 1895, p. 14；敕令集片段，*Capitularia*, Ⅰ, n°. 104, c. 8, p. 215；*Ann. R. Franc.*, a°. 814, p. 141；815 年虔诚者路易的契约，见 M. Bouquet, *Recueil des historiens des Gaules et de la France*, vi. 472；塞普蒂马尼亚(Septimania)侯爵伯纳德的妻子迪奥达(Dhuoda)于 843 年写给长子威廉的信件，见 E. Bondurand, *L'Éducation carolingienne. Le manuel de Dhuoda*, Paris, 1887, p. 54 序言末。

58 (Mox manibus junctis regi se tradidit ultro...

Caesar ad ipse manus manibus suscepit honestis.)

未来的封臣合掌置于未来封君的手中，而封君双手握住未来封臣的双手。

这种两方双手相合姿态(immixtio manuum)是委身行为的核心部分，大概还伴随着未来的封臣所做的意愿宣言。[14] 委身行为提供了一个协约框架，可以用于许多不同形式的个人依附关系。在前文所引《图尔程式书》第 43 款中，它所适用的案例是，一个穷人仅向其封君提供非常粗陋的役务。[15] 我们这里所关注的，是封臣制关系形成过程中委身行为所发挥的作用。

7. 效忠誓言

8 世纪下半叶及 9 世纪，那些要确立封臣关系纽带的封臣，不是简单地委身于人，还要宣誓效忠。[16] 用来刻画誓词的名词是“fi-
59 delitas”(效忠誓言)，有时也称作“fides”(诺言)。譬如，在瓦拉(Wala)传记的一段文字中，帕卡修斯·拉伯尔(Paschasius Radbert)提到，833 年虔诚者路易劝诫发动叛乱的诸位儿子说：“记

---

⑭ *In honorem Hludowici*, Ⅳ, v.601 et 605, éd. E. Dümmler, MM.GG., Poetae, Ⅱ, p.75 = éd. E. Faral, Paris, 1932, v.2482 et 2486, p.188；可能还有 v.603-604 = v.2484-2485。

⑮ 见前文，原书第 27—28 页。

⑯ E. Bondurand, *L' Éducation carolingienne. Le manuel de Dhuoda*, Paris, 1887, pp.56-57.

住，你们同样是我的封臣，你们曾向我宣誓效忠。”[17]

效忠宣誓在本质上是借助誓言而强化的忠诚承诺，它不仅仅诉诸上帝，而且还要实际接触某种圣物（res sacra），如遗物、祭坛、《福音书》等。

人们也许有理由问，一种委身行为本身已使封臣完全从属于封君，为何还要在委身行为之上增加效忠誓言。[18] 一个可能的解释是，封君所关注的是确保封臣履行其义务。一个人违背了宣誓遵守的誓言就会犯下伪誓罪，而伪誓罪乃是不可饶恕的罪愆；在普遍具有信仰的社会中，这是非比寻常的大事。

另外，还有一种与第一种解释并行不悖的解释，即在某种程度上，封臣们宣誓效忠是为了自己的利益。人们已经看到，8 世纪中叶，封臣的社会地位正在发生巨大变化。[19] 许多贵族阶层成员本身都已准备成为他人的封臣。对这样一些人而言，需要抬高委身
行为的身份，以便清楚地表明，他们不能混同于那些出身较低社会 60
等级的人——这些人可能自动委身，且注定从事一些不太体面的役务。他们想让人们普遍地承认，他们是作为自由人（ingenuili ordine）侍奉别人的。但在委身行为中双手的姿势所展现的，是一个人把自己交给另一个人，可以被认为是丧失自由；尤其是，vassus 并不是一个得到人们好评的名词，与之相连的名词在根本上

[17] （Mementote... etiam et quod mei vasalli estis mihique cum iuramento fidem firmastis）. *Épitaphium Arsenii* Ⅱ, c.17, éd. E. Dümmler, Abhandlungen d. Preussischen Akademie d. Wissensch. zu Berlin, 1900, p.85（= *Vita Walae*, c.17, éd. G. H. Pertz, MM.GG., SS. Ⅱ, p.563）.

[18] 见前文，原书第 27—32 页。

[19] 见前文，原书第 45、46、55—56 页。

都表示一种奴役状态。[20]

在仪式中加入效忠誓言，人们表达的是一个将来持续有效的约定，所以承担这种义务的一方享有一定程度的自由。确有可能，进入封臣关系的贵族成员转用了他们中间的一些人成为国王亲兵队成员时所做的誓言，[21]因为国王亲兵队从文献中销声匿迹之时，正是大量豪强成为法兰克国家首脑的封臣之日。

《〈圣本尼迪克法规〉(Rule of St. Benedict)评注》被认为是副主祭保罗所作，从这个评注中可以确认这种看法。评注对照了奴隶的服从与封臣的服从；奴隶为肉体惩罚恐惧而服从，而“封臣服侍封君，是因为他曾立下侍奉封君的诺言，所以他不能被视为食言
61 之人”[22]。“fides”即“诺言”，是指凭誓言所承诺的效忠；正是它约束着封臣——一个自由人——的行为，而一个奴隶只受制于对皮鞭的恐惧感。

委身行为之上增加效忠誓言，这一做法至迟发生在757年。这一年，巴伐利亚公爵塔西罗三世(Tassilon Ⅲ)成为了法兰克王国丕平三世的封臣。《王室纪年书》对这一事件记载如下：“巴伐利亚公爵塔西罗来到这里(贡比涅)，凭其双手委身成为封臣；他手按圣物，宣立诸多誓言；承诺效忠于国王丕平及丕平诸子，即前文提及的封君查理和卡洛曼，如法律规定封臣之所为，保持正直和忠

---

[20] 见前文，原书第47页及第64—65页。

[21] 见前文，原书第25—26、30—31页。

[22] (Bassallus servit seniori suo propter fidem suam quam professus est illi servire, ut non inveniatur fallax). *Expositio in Regulam S. Benedicti*, ds. le *Florilegium Casinense*, Ⅳ, au t. Ⅳ de la *Bibliotheca Casinensis*, Abbaye du Mont-Cassin, 1880, p.56, col.2.同样的观念以稍微不同的形式得到进一步的表述。

诚，对其封君恪守封臣之身份。”[23]在这里我们看到，造就封臣关系的行为包括：以两方双手相合（immixtio manuum）完成的委身行为，及以宣誓及触摸圣物加以强化的效忠承诺。很有可能，记载的结束部分包括了誓言程式的一部分内容。 62

加洛林时期的一个国王封臣的效忠誓言文本，这里也许应该加以转载；它保存于一个敕令中，802 年查理曼强迫所有臣民向皇帝宣誓效忠，用它作为样板，其内容如下：“我以此宣誓，承诺忠于封君查理——至为虔诚的皇帝，丕平国王和贝尔莎之子——像一个封臣一样正直地对待其封君，维护其王国及各项权利。从今而后，借助于创造天地的上帝及这些圣物，我将坚守且愿意坚守此誓言，我已就我对它的了解与理解起誓。”[24]

[23] “Ibique Tassilo venit, dux Baioariorum in vasatico se commendans per manus, sacramenta iuravit multa et innumerabilia, reliquias Sanctorum manus inponens, et fidelitatem promisit regi Pippino et supradictis filiis eius domno Carolo et Carlomanno, sicut vassus recta mente et firma devotione per iustitiam sicut vassus dominos suos esse deberet.” *Annales Regni Francorum*, texte original, h. a°, p. 14.

[24] “Sacramentale qualiter repromitto ego: domno Karolo piissimo imperatori, filio Pippini regis et Berthane fidelis sum, sicut homo per drictum debet esse domino suo ad suum regnum et ad suum rectum. Et illud sacramentum quod iuratum habeo custodiam et custodire volo, in quantum ego scio et intellego, ab isto die inantea, si me adiuvet Deus, qui coelum et terram creavit et ista sanctorum patrocinia.” 802 年的 *Capitularia missorum* de 802, *in fine*, Boretius, *Capitularia* I, n° 34, p. 102. 立此誓言当然并非意味着皇帝的臣民都能成为他的封臣。

63

8. 相关方的行动自由

我们刚研究过的这两个行动，即委身行为[25]与效忠宣誓，造就了双方之间的合法纽带(nexus iuris)。

毫无疑问，通常发生的情况是，一个人为形势所迫才成为某个封君的封臣。虽然如此，在理论上，封臣契约却被认为是由双方自由缔结。847年秃头查理仍然提到这个原则："我们同样希望，我们王国内的每一个自由人都可以随心所欲地择主而事，不管他选择我们自己，抑或我们的一个伙伴。"[26]但是，一旦契约缔结并实际生效，无论如何，不能单方面毁弃；至少在契约已经生效的情况下，不能单方面毁弃。在一个敕令中，查理曼列举了封臣可以脱离封君的极端情况：封君欲杀死他或棒击之；欲强暴其妻子或与之通奸；欲强暴其女儿或诱奸之；欲剥夺其部分私人财产；欲将其变为
64 农奴；刀剑加诸其身；没有尽到应有保护之责任。查理曼的后继者经常重复提到，未经封君同意不能脱离封君。[27] 只有封君或者封

[25] 在某些文本中，commendatio 及 se commendare 被用来涵盖一整套确立封臣纽带的行为动作。这些只用于一方的词语却被用于整个过程。这个事实很容易解释，因为给证人留下最深刻印象的，正是两方双手相合(immixtio manuum)动作。参见，如，792—793年的 *Capitulare missorum*, c.4, Boretius, *Capitularia*, Ⅰ, no.25, p.67及 *Vita Hludowici Pii* de l'Astronome, c.2. p.618。

[26] (Volumus etiam ut unusquisque liber homo in nostro regno seniorem qualem voluerit, in nobis et in nostris fidelibus accipiat). Premier *Conventus* de Meersen, a° 847, Ⅲ, 2, A. Boretius & V. Krause, *Capitularia*, Ⅱ, 1897, n° 204, p.71.

[27] Boretius-Krause, *Capitularia*, Ⅰ, n° 77 (a^{is} 802 - 803), c.16, p.172 et n° 104, c.8, p.295; 亦参见 Ⅱ, n° 204 (a° 847), § Ⅲ, c.3, p.71。

臣死亡，封臣关系契约才会终止。当时还不存在对几个封君缔结封臣关系契约的情况。如果允许这种情况出现，那在很大程度上就使封臣摆脱了封君对他享有的直接的、近乎排他性的个人权威，封臣制也就被毁坏了。

9. 封臣的役务

封臣应提供的役务似乎越来越专门化。诚然，“御用封臣”要担负政治、司法和行政职务，但伯爵的封臣无疑也不时地履行类似职责。他们也像教会和私人的封臣一样，负担封君的家务或管理其地产。但在查理曼时代，相对于其他所有役务，封臣的军役显然已经处于优先地位，国王敕令中开始充斥着有关军役的规定。在理论上，只有当其封君正在为国王服役时，封臣们才负有军事义务，但实际上，从虔诚者路易时代，反叛皇帝的豪强就能够率领封 65
臣对皇帝开战。

当时文献记述封臣役务所使用的名称，让人想到奴隶制或正在逐渐形成的农奴制。最常用的词是“劳役”(servitium)；不过，尽管该词具有各种含义，但它似乎没有招致反感。807 年为巴伐利亚的弗赖辛主教从事劳役的乌尔达里奇，很可能是一个无足轻重之人。但在 9 世纪末，编年史家莱吉诺(Regino)用这个词来描述巴伐利亚塔西罗公爵于 787 年成为查理曼的封臣(tradens se manibus ad servitium)时，并没有感到有什么不妥。人们甚至可以见到(虽然只是在文学作品中)以“militiae vestrae servitutem”(你的封臣身份的劳役)这样的表述，来描述国王封臣应担负的役

务，而不带任何贬损意思。这个词的原意已经大为减弱，843 年该词已经具有一种特别荣耀的役务的含义。[28]

10. 封臣对封君的服从

对封臣使用带有屈辱性的名称，严格规定封臣脱离其封君的
66 理由，禁止封臣委身于另一个封君——所有这些，都突出了封臣服从行为的“极权”特性。分析构成封臣关系契约的各行为，将确认我们已看到的这个特性；为了简约起见，对它的考察留待研究典范时期的封臣制的一章进行。可以说，封君对封臣的人身行使的是一种主权。可以说明这一点的是：为了让一个封臣停止对你的损害，有时要与封君交涉，使之对封臣施加压力。[29] 然而，必须强调这一事实：封君的权威也许很大，但封臣——不管他出身或境况是何等卑微——在法律上仍然是一个自由人，故享有最根本的自由权，即在公共法庭接受审判的权利。封君可能在特定时刻有权强迫其封臣从事某些活动；在封臣履行军事义务时，封君可以对他们拥有执行纪律权，但无权审判他们。封臣只服从伯爵法庭（mallus）的审判，除非他是国王封臣；如果他是受到国王保护（mundeburdis）的国王封臣，他就服从宫廷法庭（palace tribunal）的裁决。

---

[28] T. Bitterauf, *Die Traditionen des Hochstifts Freising* Ⅰ, Munich, 1905, n° 257; Reginon, *Chronicon*, a° 787, éd. F. Kurze, Hanovre, 1890, p. 56; Paschase Radbert, *Epitaphium Arsenii* Ⅱ, c. 17, p. 86. Bondurand, *L'Éducation carolingienne*（见前文，原书第 57 页注 13）：迪奥达（Dhuoda）的信，p. 92。

[29] *Cartae Senonicae*, nos 27 et 30, Zeumer, *Formulae*, pp. 197 – 198.

但宫廷法庭本身即是公共法庭，而不是国王以封君身份主持的私人法庭；在加洛林王朝时期，宫廷法庭确实是典型的公共法庭，是国王以君主身份主持的公共法庭。

在加洛林王朝时期，已经存在一种可以称作封臣制的“神秘性”的东西，即一种精神动力，这种精神动力，在许多人的思想中，强化了封臣对封君忠诚观念的绝对性，以及这种制度存在的根本理由。效忠誓言的宗教特点，大大有助于滋育这种观念。迪奥达 67
是塞普蒂马尼亚侯爵伯纳德的妻子，是一个出身高贵、教养深厚的妇人；读一读她于 843 年写给长子威廉的劝勉信，人们就能对这种观念有所了解。* 威廉受父亲之命委身于一位封君；在劝勉信中，迪奥达劝勉他对封君恪尽效忠之责（audivi... quod genitor tuus Bernardus in manus domini te commendavit Caroli regis）。诚然，在这个案例中，封君便是国王秃头查理，但需要注意，当时查理的权力还有争议；劝勉信的整个内容，说明迪奥达要求儿子对查理的强烈依附，就是一个仆臣对其主子应有的依附，而不管主子是谁。我们引述文献中的一段文字：

“与你的封君相关的训诫。

既然上帝与乃父伯纳德，令你于青春年少之时以查理为封君而服侍之，我劝你谨记家世——你的双亲都拥有显赫的身世。侍奉你的封君，不是简单地在表面上让他满意，而是要以身心上完整的坚定的忠诚，对待他以及他所要求的役

* E. Bondurand, *L'Éducation carolingienne. Le manuel de Dhuoda*, Paris, 1887, pp. 54, 90－92.——英译者

务……我的儿子，这就是为什么我勉励你尽忠职守，不遗余力，至死方休…… 愿背信弃义的疯狂永远与你无缘，愿恶念永不萌生于心，对封君做出不义之事……对于你或与你一起服侍封君的人，我不担心这一点…… 因此，威廉啊，我的好儿子，我们的亲骨肉，你对你的封君，要像我所说的那样，真诚、
68 机敏、有效、迅捷地完成他吩咐的任务。在事关国王权力的所有国内外事务上，你都要展现出上帝慷慨赐予的智慧。阅读前辈圣人的传记及他们的教导，你会在书中发现如何侍奉你的封君，在每件事上有益于你的封君。得到他的命令时，要忠实地完成命令。要仔细观察与审视那些忠诚、勤勉完成役务之人，效仿其行为举止。”[30]

[30] “Admonitio erga seniorem tuum exhibenda. Seniorem quem habes K[arolum], quando Deus, ut credo, et genitor tuus B[ernardus], in tuae inchoationis iuventute florigeram vigorem tibi ad serviendum elegit, adhuc tene quod est generis ex magno utrumque nobilitatis exorto progenie, non ita serviens ut tantum placeas oculis, sed etiam sensui capax, utrumque ad corpus et animam puram et certam illi in omnibus tene utilitatis fidem... Quamobrem, fili, hortor te ut quod tenes corpore fideliter dum vivis tene et mente... Nunquam aliquando ex infidelitatis vesania improperium ex te exeat ; malum non sit ortus nec in corde tuo unquam ascendens ut infidelis tuo seniori existas in ullo... Quod in te tuisque militantibus futurum esse non credo... Tu ergo, fili V[uillelme], ex illorum progenie ortus, seniori ut praedixi tuo sis verax, vigil, utilisque atque praecipuus ; et in omni negotio utilitatis regiae potestatis, in quantum tibi Deus dederit vires, intus forisque prudentius te exhibere satage. Lege vitas vel dicta sanctorum praecedentium patrum et invenies qualiter vel quomodo tuo seniori debeas servire atque fidelis adesse in omnibus. Et cum inveneris studeas jussa illius complere fideliter. Considera etiam et conspice illis qui illi fidelissime militant assidue et disce ab illis documenta servitii...” E. Bondurand, *L' Éducation carolingienne. Le manuel de Dhuoda*, Paris, 1887, pp. 89 – 90. 我们已经借用了编者所做的一些译文，见前文，原书第 57 页注 13。

11. 效忠概念 69

效忠概念值得我们关注。借助一份涉及臣民对国王效忠的文件，人们可以非常清楚地了解效忠概念，因为这种效忠与封臣对封君的效忠并无本质上的不同。

802 年春天，当上皇帝的查理曼迫使其臣民接受新的效忠宣誓；为达此目的，他使用了国王封臣已使用的对国王宣誓的套语。[31] 在一份概述帝国管理计划的敕令中，查理曼试图界定“效忠”的精确意涵：他大大地扩展了它的内涵，并认定效忠不应限于普遍接受的观念，即这个观念的基本要素。“大众观念”(communis opinio)，即基本要素被定义为“不再像迄今为止许多人所想的那样，仅仅在关涉其生命安危问题上忠诚于其皇帝主子”，即承担义务，不参与针对皇帝、危及其生命的任何行动，“还承担这样的义
务，即不因与皇帝的敌对而将敌人引入国内，拒绝与其他背信弃义 70
之人结党，或对结党悖逆之事保持沉默”。[32]

因此，加洛林时代的效忠观念，在本质上具有否定性特点，无非是承担责任，不损害其应效忠之人的利益。在副主祭保罗所作

---

[31] 见前文，原书第 62 页及注 24。

[32] “... non ut multi usque nunc extimaverunt, tantum fidelitate domno imperatori usque in vita ipsius, et ne aliquem inimicum in suum regnum causa inimicitiae inducat, et ne alicui infidelitate illius consentiant aut retaciat.” *Capitulare missorum generale*, c.2, Boretius, *Capitularia*, I, nº 33, p.92.

的《〈圣本尼迪克法则〉评注》中这个观念得到肯定，引述如下：封臣以其忠诚侍奉其封君，“以便不被人们视为食言者”（ut non inveniatur fallax）。[33]

但是，这种本质上的否定因素，并不能涵盖整个效忠观念，它也同样表现出积极因素，这种积极因素见于上引各段文字，尤其是迪奥达的《封臣行动指南》（Manual of Dhuoda）。

然而，9 世纪的历史，常常让我们看到一些封臣离弃或背叛其封君。这些行为失据的最常见的动机是封臣渴望致富，获得新的
71 恩地。所以，我们现在必须考察一下加洛林时期封土-封臣关系中的财产因素。

12. 授恩地的封臣及未授恩地的封臣

我们已经看到，财产因素的存在是因为封君必须承担豢养封臣的义务。在查理曼及其继承者时期，封臣是可以且经常被直接豢养在封君家中的。我们已经提到，一些国王封臣住在王宫中，直接从国王那里得到衣食和武器；779 年的《赫斯塔尔法规》（Capitulary of Herstal）称这样的封臣为“未授恩地的封臣”（beneficium non habuerit）。私人也可以拥有不授恩地的封臣，这些封臣是一些社会地位非常低微的人。一条法规规定，一旦封臣从封君那里获得价值一个索里达的物品后（postquam acciperit valente solido uno），就不能离开封君，毫无疑问，这条法规所提到的就是这样一

[33] 见前文，原书第 61 页注 22。

些人。[34]

但可以确定的是,8 世纪后半期及整个 9 世纪,“授恩地”给封臣的习俗越来越普遍,一些封臣通过家族关系、家族财富或得到官位,取得较高社会地位,对他们而言,“授恩地”就是惯例。

同样可以肯定,9 世纪经常出现的情形是,统治者将具有完全 72
所有权(iure proprietario 或 ad proprium)的土地授给封臣作为自主地;有时授予书明确说明,授予地乃是对封臣所服役务的报酬(ob devotionem servitii sui)。有时可能出现的情况是,国王将封臣此前一直作为恩地持有的地产转变为自主地产。[35]

不过,这些情况只是例外。普遍的习俗是,如果封君想授予封臣土地,会授予他一块恩地。

13. 封臣的恩地

对加洛林恩地制的研究,因为这样一个事实而复杂化,即 beneficium 这个词虽然优先应用于封臣持有的佃领地,但仍含有其他意义:它可以指教会恩地,即与教会职务相连的从教会财产中获取收益的权利;可以指恳请领有权;也可以指地产官员甚或家仆所持有的佃领地。不过,撇开这些异常用法,许多资料可以让我们形

[34] *Capit. Haristallense*, c. 9, Boretius, *Capitularia*, Ⅰ, n° 20, p. 48; capitulaire d'Aix-la-Chapelle, a^is^ 802 - 803, c. 16, *Ibid.*, n° 77, p. 172.

[35] 如,G. Tessier, *Recueil des actes de Charles Ⅱ le Chauve*, Ⅰ, 1943, n°s 16 (843), 17 (843 = d'Abadal, *op. cit.*, Ⅱ, Ⅱ, *Preceptes per a particulars*, n° ⅩⅤ, pp. 332 - 334), 69 (845), Ⅱ, 1952, n°s 275 (864), 336 (870); J. Tardif, *Monuments historiques*, *Cartons des Rois*, Paris, 1866, n° 214 (879 - 884)。

73 成某种观念，了解在查理曼及后继者的时代，何为封臣恩地。8世纪中期以后，恩地的主要特征几乎没有变化。最初时期恩地的规模差异很大。可以包括一个大地产(villa)，即通常相当于一个现代村庄规模的庄园，或几个庄园，或只是几个庄园的部分土地；也可能只包括几块份地，即农耕地——在西北高卢，它的规模一般是10—18公顷(25—48英亩)。在查理曼统治末期，情况似乎是，封臣持有包含12块份地的一块恩地，要负担一个全副武装的重装骑士的马上役务。就国王封臣而言，他们的恩地至少包含30块份地，但常常更大；有的恩地包括50、100或200块份地，甚至更多。国王封臣的恩地包含1—2个完整庄园的情况，并非罕见。[36]

此外，恩地不一定是一个庄园或庄园的一部分。加洛林的统治者们将某个修道院院长的职位(abbatia)授给一个平信徒或俗人——这是他们经常干的事情——之时，通常是将这个肥缺作为恩地而授予他。

74 加洛林王朝所关注的是，他们对那些以恩地方式授予封臣的自主地的财产权(res proprietatis nostrae)，不会被封臣置于危险境地。封臣们一直在努力寻找机会，把他们以恩地方式持有的地产变为私人财产。查理曼在一个场合称："我们听说，从我们这里获得恩地的扈从们和其他人把这些恩地当作他们的自主地产。"[37]

---

[36] *Capitulare missorum* de Thionville, a° 805, c.6, Boretius, *Capitularia*, Ⅰ, n°44, p.123. *Capitulare episcoporum*, de 792-793, *Ibid*. Ⅰ, n° 21, p.52.

[37] "auditum habemus qualiter et comites et alii homines qui nostra beneficia habere videntur comparant sibi proprietates de ipso nostro beneficio." *Capitulare missorum* de Nimègue, de 806, c.6, Boretius, *Capitularia*, Ⅰ, n° 46, p.131.

一些僭取行为获得成功，特别是9世纪后半期西法兰克王国局势混乱不堪之时，但大部分恩地的性质并未改变。我们从资料所获得的普遍性图景是，僭取行为造成的危险及僭取企图、总是不成功的维护措施，混杂交织在一起，但无可怀疑的是，大多数恩地保持了固有特性。这种共同现象见于国王封授给国王封臣的恩地，也见于私家封君尤其是教会机构封授给封臣的恩地。9世纪末期，封臣对恩地所拥有的权利仍然是用益权（benefice）。

以上这些看法适用于大部分恩地，但是，那些从教会手中没收
而由国王授给封臣们的恩地，就像丕平三世和卡洛曼时代一样，继 75
续呈现出一些独有的特征。不过，这些特征已有变化。779年[38]查理曼规定，人们以国王命令恳请占有的形式从教会那里持有教会拥有的相关地产，此后只付给教会少量地租；但作为补偿，教会有权对所有土地征收“九一税”（nona），即向教会缴纳的什一税——丕平三世时代以后各类土地都要缴纳什一税——之外的第二个什一税。查理曼以后，特别是虔诚者路易以后，这个做法虽然没有完全消失，但已越来越少。先前由国王夺取教会土地而封授的恩地，通常变成了纯粹而简单的国王恩地，或者变成了教会本身的恩地或恳请地。恩地还没有成为封臣僭取的目标时，情况就是如此。

临近9世纪中叶，加洛林王朝又开始攫取教会地产，将它作为恩地授予封臣。在西法兰克、洛塔林吉亚和勃艮第，情况尤其如

[38] Capitulaire de Herstal, c.13, Boretius, *Capitularia*, Ⅰ, nº 20, p.50.

此，而在东法兰克则较少，那里的教会所拥有的财富少得多。不过，统治者已不再采取旧时的“依国王命令恳请占有”的形式剥夺教会地产，而是另有他法。有时国王干脆把某个教堂或修道院的
76 财产直接授予封臣作为恩地。更常见的情形是，统治者威逼利诱某个教堂或修道院接纳一些骑士作为封臣，授予他们一些地产作为恩地。这些骑士变成 milites 或 hominess ecclesiae，即该教堂的封臣，但必须随时听从国王号令以应所需。[39] 在这两种情况下，恩地由教会地产组成、由国王直接授予封臣或根据国王命令由教会授予封臣，从此成为一种非常普遍的现象。

9 世纪下半叶，西法兰克有时出现的情况是，主教们已经将同样的办法用于依附于他们的修道院。

一种近似于恩地的佃领地叫作“王授地”(per aprisionem)，* 仅见于塞蒂玛尼亚、高卢南部和西班牙边地。授予这种地的目的是使荒地或半荒地得到耕种。领有这种“王授地”(aprisio)的国王封臣，对土地行使类似于恩地持有者所行使的权利；但他的权利是可继承的，只有在他对封君不忠时，其权利才可终结。授地的国王
77 死后，这块土地似乎注定由后继者重新封授。因此，一块“王授地”

[39] 兰斯教会属下的讷伊-圣-福伦(Neuilly-Saint-Front)庄园(法国埃纳省)连续运用“依国王命令授予恳请地”及两种方法的案例，见 Hincmar, *De villa Novilliaco*, éd. O. Holder-Egger, MM. GG., SS. XV, 2, p. 1167 - 1169 (a^{is}768 - 876)。

* “王授地”最初出现于查理曼统治下的塞蒂玛尼亚。为安置那些从穆斯林西班牙逃出的西哥特人，查理曼将他们安置在属于皇帝直接控制下的未开垦之地上，享有特殊权利。——中译者

这样的佃领地常常可以变成完全的私人财产。㊵

加洛林时期的文献资料，不能使我们清晰地了解将一块恩地授给封臣的手续。依据当时的法律习惯，我们可以推想，一定有正式的恩地交付（traditio）仪式，以保证封臣对恩地的权利；这个交付式举行时，要向封臣交付象征恩地的物件。例如，787年巴伐利亚的塔西罗公爵三世被指发动叛乱，查理曼逼迫他放弃、交出他作为恩地持有的公爵领，此时他向国王移交了一根“末端雕成人头像的权杖”（baculo in cuius capite similitudo hominis erat scultum），完成了领地的呈交。此后，也是凭着这同一象征物的返交，塔西罗又重新获得该公国作为自己的恩地。㊶ 就像当时的大多数的法律决议一样，这个协议是一个口头协议；起草契约书作为双方当事人所享权利的证据，则很少见。㊷

14. 封臣制和恩地制的合法结合 78

我们已经分析了查理曼及后继者统治时期封土-封臣诸关系中的人身和财产因素，现在需要考察一下封臣制与恩地制这两种

㊵ 比如，*Diplomata Karolinorum*，Ⅰ，MM. GG.，éd. E. Mühlbacher，nº 179，p. 241（795）；*Recueil des historiens des Gaules et de la France*，Ⅵ，p. 472（815）；Tessier，*Recueil des actes de Charles* Ⅱ *le Chauve*，Ⅰ，nºˢ 43（844），94（847），118（849）= d'Abadal，*op. cit.*，Ⅱ，Ⅱ，*Preceptes a particulars*，nºˢ 1，7，17，18，19。

㊶ *Annales Guelferbytani*，h. a°，MM. GG.，SS. Ⅰ，p. 43；*Annales Laurissenses minores*，h. a°，MM. GG.，SS. Ⅰ，p. 119.

㊷ 876年的案例载于Tessier，*Recueil des actes de Charles* Ⅱ *le Chauve*，Ⅱ. Nº 411。

因素的实际结合问题。它是否只是实际行为的简单结合，只是对一种习惯——按照这种习惯，国王和其他的封君将恩地授予封臣——的普遍接受？还是二者之间存在一个实际的法律层面的结合？

我们审视这个问题时，就会发现，很难怀疑这两种惯制之间存在某种法律上的联系。这种联系在加洛林早期就已经存在，而且在查理曼及诸继承者时代的文献中得到清楚的证实。一个地区从一个统治者转到另一个统治者的事实，给我们提供了相关证据。837 年，虔诚者路易立幼子查理为弗里西亚至塞纳河地区的国王，"在此地领有恩地"（in memoratis locis beneficia habentes）的主教、伯爵和国王封臣，"自愿委身于查理并凭圣物向他宣誓效忠"（Karolo se commendaverunt et fidelitatem sacramento firmaverunt）。

让我们看一看另一类文献：查理曼传记的著名作者艾因哈德
79 的一封信。艾因哈德有一封信（大约于 843 年?）写给日耳曼路易——巴伐利亚国王、莱茵河以东其他地区的统治者。他写信的目的，是为某个人——名字没有保留下来——申请一块空闲的恩地，他特别请求在"他委身于你"时（quando in vestras manus se commendaverit），将恩地授予他。[43] 在这里，接受封臣地位是封授恩地的一个必要条件。

还有另一条法律纽带连接着封臣制与恩地制。815 年，虔诚

---

[43] *Annales Bertiniani*, h.a, 见前文，原书第 57 页注 12；*Einharti Epistolae*, éd. K. Hampe, nº 34, MM. GG., *Epistolae*, Ⅴ, p. 126 et 127。

者路易将一批西班牙流亡者安置在塞蒂玛尼亚和西班牙边地，他发布一项法规，其中的一些话说明了这条法律纽带的存在。他规定，流亡者有权委身于统辖这两个地区各伯爵领的伯爵们，又补充说："若他们从其委身之人那里获得恩地，也要让他们知道，他们为其封君承担的役务，与我国（即法兰克）封臣为其封君所承担类似恩地之役务相同。"[44]很显然，封臣要使用其恩地的资源完成委身契约规定的对封君的役务。

不仅封臣的死亡（德语作 Mannfall）会中止恩地的授予，封君 80
的死亡（德语作 Herrenfall，如果封君是国王的话，则作 Thronfall）也会中止恩地的授予，这个事实同样证明两种惯制之间存在法律关系，因为，显然是封臣制人身关系的结束，终结了恩地封授所造就的财产关系。我们所知道的事实是，在查理曼及后继者时代，已存在封君或封臣死亡致使恩地终结的例子。这方面有说服力的文献比比皆是。譬如，一个名叫约翰的国王封臣，从查理曼手中获得纳博讷伯爵领的一块"王授地"（我们已经说过，这种佃领地可以视为一种恩地）；查理曼死后，约翰向虔诚者路易行臣服礼，又从路易那里重新获得其佃领地。832—833 年，维尔茨堡主教沃尔夫戈去世，其封臣的委身契约终止，艾因哈德请求允许该封臣暂时持有恩地；封臣对恩地的权利最终还是终止了，但艾因哈德还是做

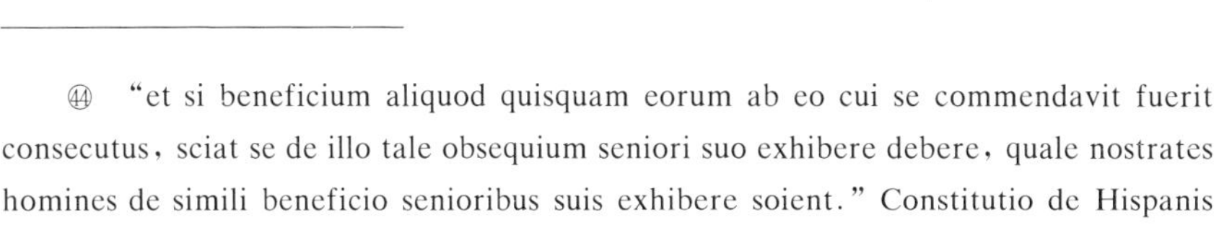

[44] "et si beneficium aliquod quisquam eorum ab eo cui se commendavit fuerit consecutus, sciat se de illo tale obsequium seniori suo exhibere debere, quale nostrates homines de simili beneficio senioribus suis exhibere soient." Constitutio de Hispanis Prima, c.6, Boretius, *Capitularia*, Ⅰ, nº 132, p.262 = d'Abadal, *op. cit.*, Ⅱ, Ⅱ, Apèndix Ⅲ.

出努力，想从完成祝圣礼的新主教那里获准，将恩地再次授予从前的持有者。在写于833年的另一封信中，艾因哈德让通信人游说
81 罗退尔皇帝，允许一位名叫弗鲁莫尔的正在生病的国王封臣，暂时持有他依次从查理曼、虔诚者路易那里获得的恩地；待他康复后，向新皇帝罗退尔委身，然后由新皇帝重新授予这块恩地(ut permittat se habere beneficium, quod avus eius illi concessit et pater habere permisit, quo usque viribus receptis ad eius presentiam venerit ac se solemni more commendaverit)。还有一则更具启发意义的文献，该文献写于868年，涉及勒东的布雷通修道院。修道院院长科努瓦奥死后，里特康继任。他召集四个封臣：一个叫麦洛，一个叫比杜奥赖，另外两个都叫海鲁奥科——此四人都从科努瓦奥那里获得恩地(beneficiaverat eis in fidelitate Sancti Salvatoris et abbatis)——命令他们交还恩地，因为修道院院长已经易人，所以他们的封君也随之改变(ut redderent ipsa beneficia in manu sua, quia ipse erat electus ad abbatem post Conuuoion)。他们照办，但请求新任修道院院长重新授予相同恩地，里特康接纳他们为封臣，满足了他们的要求。[45]

事实上，封臣制和恩地制在法律上的联系，比这些实例所显现
82 得更加密切。我们有理由认为，在查理曼统治末期，从法律的角度来看，封臣役务是封授恩地的直接理由。如果役务被忽视，或完成

---

[45] (reddidit illis iterum ipsa beneficia … in fidelitate et servitio Sancti Salvatoris … et ut essent defensores totius abbatie). 前文原书第77页注40所引 Diplômes de 795 et 815; *Einharti Epistolae*, n° 24, p. 122; 前引书, n° 27, p. 123; A. de Courson, *Cartulaire de l'abbaye de Redon*, Paris, 1863, n° 96, p. 72。

得不好，授地的理由就将消失，封授的恩地就可以撤销。所以，没收恩地是对封臣不履行役务的主要制裁手段。正是根据这一原则，这位皇帝在802—803年的一项敕令中规定，如果一个国王封臣受命支援另一个“钦命封臣”，而他却无视召唤，那么他将失去其恩地。同样的原则出现在807年的一个契约中。弗赖辛主教将恩地封授给封臣时，在契约中规定，若封臣不能准时履行其责，恩地将被没收。[46] 这些仅是一大串文献——这些文献贯穿整个9世纪及随后的世纪——中最早的文献例证，在这些文献中，这一原则被清晰地、不断地提到。

不过，应该注意，封臣制和恩地制的紧密结合，并不阻止封臣持有封君所授恩地之外的其他土地。他可能拥有自己的自主地产，或从教会机构获得恳请地。社会地位较高的封臣通常会持有一二种这类地产。

15. 封君和封臣对恩地的权利 83

从上文可知，加洛林时期，在封土-封臣制关系中，人身关系即封臣制在二者中更为重要。从字面意义上，恩地只授予封臣，但一个人完全有可能成为封臣而不持有恩地。不过，在封臣制中，恩地的授予发挥着重要作用，9世纪末，它已经开始在一些重要方面改变封臣关系。

---

[46] Capitulaire d'Aix-la-Chapelle, c. 20, Boretius, *Capitularia*, Ⅰ, nº 77, p. 172; Bitterauf, *Traditionen des Hochstifts Freising* Ⅰ, nº 257.

这些方面之一，便是双方对恩地的权利。封君对以恩地形式封授的土地，仍保留法律上的所有权，这是从来没有争议的。除非他本身是以恩地或恳请地形式而持有这块土地，否则它就仍是他的自主地产：876 年，艾夏达伯爵提到皮雷西庄园时写道："既有我们实际占有的土地，又有我们的封臣以恩地形式持有的我们的自主地部分。"[47]此外，封君没有义务把一块闲置的恩地再授给另一个封臣。

然而，9 世纪时，封君对于以恩地形式授予的土地的处置权越
84 来越有限。对于一个忠实履行规定役务的封臣，封君无权在不给任何补偿的情况下剥夺授给他的恩地。817 年，虔诚者路易将一些土地赐给图尔奈教士团扩建修道院，其中包括"一块面积为 79 杆的王室地产，是威里姆弗雷德领有的恩地"（"In eodem loco de fisco nostro quem Werimfredus in beneficium habet, perticas LXXVIIII"），但路易无疑给了威里姆弗雷德其他一些土地作为交换。833 年，路易归还了勒芒教堂的财产，并明确说明，归还行为得到了以恩地形式持有这些土地的国王封臣的同意。半个世纪后，秃头查理宣布他不能将吕希庄园的一半赠给博韦地方的圣吕西安修道院。他解释自己的做法，是因为"我们的一个名叫西格弗里德的封臣以恩地持有之"（"vassalus noster quidam, nomine Sigefridus, tunc in beneficium retinebat"），但在西格弗里德死后，他将土地授给了这个修道院。大约同一时期，在另一份特许状

---

[47] "tam ea quae nos in dominicatura habemus quam etiam ea quae vasalli nostri... de eodem alodo in beneficio videntur habere." M. Prou et A. Vidier, *Chartes de Saint-Benoit-sur-Loire*, Paris, 1907, Ⅰ, n°.26, p.70.

中，查理数列一些地产，一旦他能与一些以恩地持有之的国王封臣完成交换(per concambium)，他将把这些土地给予“马恩河畔沙隆”的圣乌尔班教堂，如果做不成，则只能等到这些封臣死后。[48]

加诸封君对其财产控制权之上的限制，乃是这些事实影响的 85
结果：封臣关系是终身有效的关系，给封臣封授恩地是为了能让他履行义务。不过，“荣誉地”(honores)却是例外，“荣誉地”是指诸如公爵之类的公共职位，以及附着于公共职位的赠予物。这些赠予物通常是作为恩地给予持有者的，但因为公共职位可以撤销，附着于它们的恩地自然也可以撤销。然而，9 世纪下半叶，起码在西法兰克、洛塔林吉亚、意大利和勃艮第，没收荣誉地及附属恩地变得越来越难，甚至在持有者犯罪或被指控犯叛逆罪时，都不能被剥夺土地。每一件没收土地行动的筹划，对于国王一方与封臣及所属集团一方，都是势力的考验。

越来越明显的是，当封君死后，后继者的恩地处置权变得越来越无效。从法律上，死亡将终止封臣契约，也终止随契约而来的恩地授予，这似乎并无争议；我们引用过的 868 年*的文献——这份文献来自西法兰克王国最西边、最混乱的地区——已清楚地表明了这一点。[49] 但一个封臣显然希望获允委身于封君的继承人，并

[48] *Recueil des historiens des Gaules et de la France*, Ⅵ, p. 509 (817) p. 587 (833)(原文作 99 杆，我们根据图尔奈法规档案[Archives Capitulaires de Tournai]之法规 C 与 D 做了改正)；Tessier, *Recueil des actes de Charles Ⅱ le Chauve*, Ⅱ, nos 325 (869), 248 (862).——原注

1979 年英文版作 79 杆。作为英国的面积计量单位，1 杆(perch)为 30¼ 码；作为法国旧土地面积单位，1 杆(perche)约相当于 34—52 平方米。——中译者

* 此处英译本作 860 年。——中译者

[49] 见前文，原书第 81 页及注 46。

86 且可以从新封君那里获得重新封授，领回从前持有的恩地。实际上，对恩地行使有效的处置权，如果不是绝对不可能，也是越来越困难。譬如，877 年结巴路易在其父秃头查理死后曾试图行使这种权利，在可能发生全国豪强普遍反叛的情况下，只能罢手。教会授予封臣的恩地，也存在类似的情况。10 世纪初一位法国教会人士在作品中抱怨说，主教死后，购回或自由处置恩地再也不可能做到；他羡慕地提到，在这方面东法兰克的日耳曼主教们还有效地维护着他们的权利。[50]

毫无疑问，封君恩地权的削弱有利于封臣，这种情况的形成是因为封臣对恩地的有效占有，并且渴望将恩地转入家族世袭财产。同样的动机可以解释封臣何以不断地、千方百计地试图确立对他们以恩地形式持有的地产的完全所有权。这种发展趋势，在查理曼时代已有众多例证。

87

16. 恩地的继承

在 9 世纪，封土-封臣关系中，正在发生深刻变化的第二个方面，是恩地的继承性。

从其最严格且最简单的形式上，委身契约排斥任何继承性观念。封君接纳一个人为封臣，是因为此人拥有某些特别的素质，但他的儿子却不一定遗传这些素质。封授恩地的先决条件，是委身行

---

[50] *Annales Bertiniani*, a° 877, pp. 218 – 219; E. Dümmler, *Über den Dialog "De Statu Sanctae Ecclesiae"*, Sitzungsber. der Preussischen Akad. d. Wissensch., Berlin, 1901, p. 385 et 386.

为所造就的封君与封臣关系的存在，所以，它也不应具有继承性。

但是，从很早时候起，就一定经常出现这样的情况，即封君欢迎已故封臣的儿子委身，然后授给他其父曾领有的恩地。而在封臣方面，甚至在其有生之年就与封君将其子的恩地继承事宜安排妥当了。我们有证据证明，很早时期就存在恩地的继承，没有理由认为我们所知道的这些情况是例外。例如，在欧坦地区，皮雷西庄园和博吉庄园，从查理·马特时期到9世纪晚期，就作为恩地在尼伯龙根家族中父子相传，最后变成了自主财产。又例如，位于拉昂附近福朗布赖的兰斯教堂的一个庄园，从查理曼时代到欣克马尔 88
时代，都以恩地形式父子相传。我们发现，在768—876年，一个家族的成员不断努力，想取得或保持他们在乌尔克的恩地讷伊-圣-福伦庄园，虽然他们不止一次被剥夺了对该庄园的持有权。从秃头查理的一项敕令中，我们可以推断，授予封臣一块恩地，有时只是确认一桩既成事实；从前被封臣的父亲与祖父领有的恩地，暂时由封臣持有之，到他本人委身于国王时，国王又将同一块恩地授予他。[51] 有时甚或发生的事情是，封君授予封臣一块恩地时，会做出保证，让封臣的儿子继承恩地。[52] 著名的兰斯大主教欣克马尔极为关注其教堂的权利和利益，他很清楚地认识到，一块地产以恩地封授于人且长期以恩地为人所持有时，所面临的危险是，它将永

[51] L. Levillain, *Les Nibelungen historiques*, Annales du Midi, 1937, pp. 346, 353－357; Hincmar, Lettre à Hincmar de Laon, Migne, *Patrologiae latinae cursus completus*, CXXVI, col. 538; Hincmar, *De villa Novilliaco*, éd. O. Holder-Egger, MM. GG., SS. XV, 2, p. 1167－1169 (a^is 768－876); Tessier, *Recueil des actes de Charles II le Chauve*, I, n° 34 (844).

[52] Tessier, *op. cit.*, ii, no. 411 (876).

远不再成为非从属财产(indominicatum),即封君权力直接管理之下的封君遗产。但是,恩地父子相传的习俗变得普遍为人接受,所
89 以他在868年写给秃头查理的信中表达了如下观点:“一个主教为了获得军役而封授恩地时,他一定要把恩地授予曾经很好服侍教会的封臣之子们——如果他们堪承父业;否则,便把它授予其他人,这些人能使恺撒的归恺撒,上帝的归上帝。”[53],所以,欣克马尔承认,如果封臣之子足以胜任,自然可以继承其父恩地——这当然是在他成为同一封君的封臣之后。

这项习俗从来没有经由任何立法法案而变成正式的法律规则,但在一个场合它成为了国王决议的主题,尽管这个决议仅仅具有临时规定的性质。877年,秃头查理正在筹划他一去而不能复返的意大利远征,在瓦兹河畔的奎亚兹举行集会,在集会上他颁布了在外期间将生效的一系列措施。其中一些措施,是针对他在外期间一些伯爵可能死亡情况下的继承问题。它规定,在亡故伯爵之子与国王一起在意大利,或亡故伯爵之子仍过于年幼而无法继承其父遗产时,应成立一个临时机构,但儿子随后“应获得礼敬,接受我们授予其父的荣誉地”(per nostram concessionem de illius
90 honoribus honoretur)。然后他补充说,“该规定同样适用于我们的封臣”(similiter et de vassallis nostris faciendum est)。这表

[53] “... episcopus... cum de rebus Ecclesiae propter militiam beneficium donat, aut filiis patrum, qui eidem Ecclesiae profuerunt et patribus utiliter succedere poterunt... aut talibus dare debet, qui idonei sunt redder Caesaris quae sunt Calsari et quae sunt Dei Deo...” *Ad Carolum Calvum regem pro Ecclesiae libertatum defensione*,载 Migne, *Patrol*. Lat., cxxv.1050.

明，不仅对于伯爵的“荣誉地”，而且对于国王封臣的恩地，儿子的继承权都被视为寻常。最后，国王在总体上规定，主教、修道院院长、伯爵和其他的“伙伴”（fideles）——这些都是他的封臣——应该像“我们对待封臣”一样对待自己的封臣（erga hominess suos）。[54] 如果说秃头查理在奎亚兹集会上没有赋予恩地以继承性，那么，他在那里所采取的措施庶几等于正式承认了这个事实：继承性已经是一个既定习俗。

较之封君对恩地的自由处置权所受的限制，9 世纪下半叶恩地所获得的继承性，更标志着恩地越来越受到封臣的控制。我们再次看到了这个事实所产生的影响，即封臣有效地占有了恩地。封臣自然希望死后能将恩地传给某个儿子，而在 9 世纪下半叶的动荡时期，对封君而言，让封臣拥有希望，并认为可以如愿以偿，有时是强化通常非常脆弱的忠诚的唯一手段。

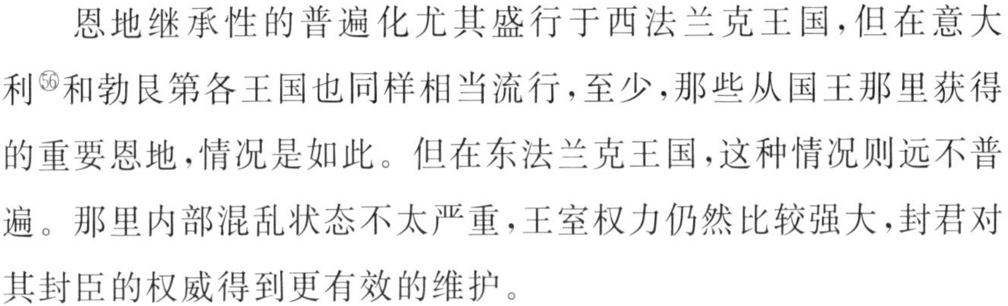

恩地继承性的普遍化尤其盛行于西法兰克王国，但在意大 91
利[56]和勃艮第各王国也同样相当流行，至少，那些从国王那里获得的重要恩地，情况是如此。但在东法兰克王国，这种情况则远不普遍。那里内部混乱状态不太严重，王室权力仍然比较强大，封君对其封臣的权威得到更有效的维护。

---

[54] *Capitulare Carisiacense*, c.9, Boretius-Krause, *Capitularia*, Ⅱ, nº 281, p. 358; *Capitula excerpta in conventu Carisiacensi coram populo lecta*, c.3, *Ibid.*, nº 282, p.362.

[56] 见 *Annales Fuldenses*, pars Ⅲ, aº 883, éd. F. Kurze, Hanovre, 1891, p.100 中的典型资料。

17. 封臣契约的多重性

我们还必须注意9世纪封土-封臣关系的第三个变化。封臣对封君的紧密服从关系，意味着这一关系是唯一的；双重或多重封臣契约既给封臣带来重负，也给封君带来重负。查理曼和虔诚者路易的立法试图对此加以禁止，但并未完全取得成效。为了获得永远的世袭恩地，封臣们做出努力且获得成功，其背后的动机是为自己及其子孙取得恩地；同样，封臣们渴望最大限度地增加持有的恩地的数量，这可以说明封臣何以竭力使封臣关系的多重性合法化。毫无疑问，这种尝试行动在查理曼时代已经开始，但直到9世纪晚期才获得完全成功。就我们所知，最早涉及多重关系的一个
92 实际案例的文献出现于895年。这一年，图尔的圣马丁修道院院长暨辩护人向勒芒的贝伦加尔伯爵提交了一些控诉书，指控伯爵的一个名叫帕特里库的封臣。贝伦加尔拒绝接受，他把这些申诉者打发给欧德斯国王的兄弟罗伯特，"因为帕特里库不单单是他的封臣，从他那里获得一块恩地，而且更是他的朋友罗伯特的封臣，从他那里获得一块更大的恩地"。[56] 这份文献表明，这种双重封臣关系习俗在当时已经得到相当普遍的承认，至少在西法兰克是这样。这种变化至为深刻地改变了封土-封臣关系最初的特性。在

[56] "quod non esset suus solummodo vasallus, quamvis ex suo beneficio aliquid haberet, sed potius vasallus Rotberti, amici sui, quia plus ab ipso beneficium tenebat." *Gallia Christiana*, XIV, éd. B. Hauréau, Instrumenta eccl. Turonensis, n° 37, col. 53.

东法兰克,这种做法此时还远不常见。

恩地和封臣制的结合,给封土-封臣关系带来的第四个变化,是人身因素和财产因素在这些关系中的实际联合。815年,虔诚者路易提到一个规定:封臣必须以恩地上的资源为封君服务。[57]造就劳役义务的封臣契约,是这种关系的基本特点。恩地本身的存在,是因为劳役义务,因为授予恩地背后的企图,是使役务尽可 93
能有效地完成。但是,868年,欣克马尔提到教会封臣对教会以及通过教会对国王所负役务时宣称,“按照恩地的规模与性质”(secundum quantitatem et qualitatem beneficii)提供役务是封臣的义务。[58] 事实上,他承认,封臣役务与封臣所持恩地的重要性是彼此关联的;恩地的价值是衡量所负担的役务的尺度与条件。现在因果倒置了,完成役务反过来是为报偿持有恩地,而不是相反。

---

[57] 见前文,原书第79页注44。

[58] *Ad Carolum Calvum regem pro Ecclesiae libertatum defensione*,载J.-P. Migne,*Patrologiae latinae cursus completus*,t. CXXV,col.1050。

第三章　封土-封臣关系
95 对国家结构的影响

1. 封臣制在加洛林国家中的地位

正如前述，封臣制与授予封臣恩地之习俗的展开，是加洛林王朝刻意追求的一种政策所造成的结果；他们希望以此提高权威，增强法兰克国家的力量。他们甚至想更上层楼，将封土-封臣制度纳入国家结构本身。这项事业由丕平三世发起，但主要由查理曼和虔诚者路易所完成。

法兰克君主国在一定程度上是随着查理曼的大规模领土扩张形成的，它缺乏一个有效的管理制度，国家结构无力应对它必须完成的重任。查理曼和谋僚们不得不考虑到这一问题，他们希望在封臣制度中寻到弥补这一缺陷的良方。旧的普遍征兵制在兵员数
96 量、装备和军事效率上已极无效用，而由国王、主教、修道院院长和伯爵之封臣，以及他们的次级封臣组成的训练有素的军事团体，则可为它注入新的活力。国王封臣以及伯爵的封臣在司法集会上所提供的援助，使法庭更有效率地运转。

此外，为了使他的权力代行者更有效地服从于他，查理曼不只

是增加了封臣的数量，还做了更重要的事情。他大规模地推行其父已经偶尔使用的做法，要求伯爵和公共机构的其他高级官员成为他的封臣。这一做法在虔诚者路易统治时期成为普遍性习俗，并且在843年帝国分裂后兴起的各王国中仍然实行。主要官员的下属也随之变成了顶头上司的封臣，譬如，在西法兰克，子爵与代理人变成了伯爵的封臣。[①]

那些向国王委身且宣誓效忠的伯爵、宫廷官员和其他身居高位的人物，是否真正应被视为通常意义上的vassus（封臣）呢？还是将fidelis（伙伴）这个名称留给他们，而将vassus只用于那些财富较少、社会地位较低的人呢？然而，这样的区分得不到文献上的支持。这些文献表明，“钦命封臣”有时是巨富之人；甚至最高级别的官员也被随便称作vassi或vassalli，换言之，fidelis是这类人的名称，vassus只是它的一个种别。[②] 97

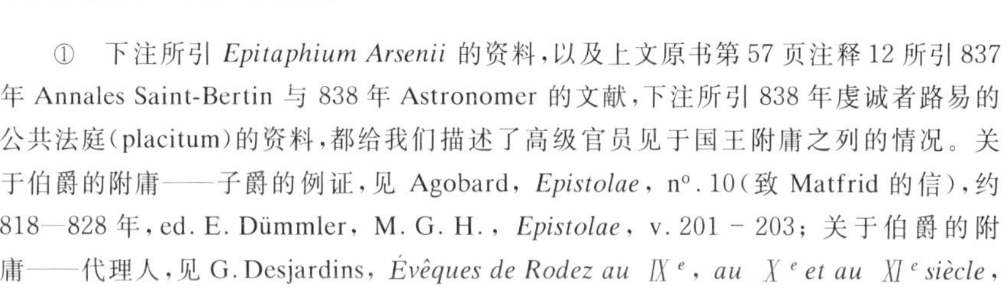

① 下注所引 *Epitaphium Arsenii* 的资料，以及上文原书第57页注释12所引837年Annales Saint-Bertin与838年Astronomer的文献，下注所引838年虔诚者路易的公共法庭（placitum）的资料，都给我们描述了高级官员见于国王附庸之列的情况。关于伯爵的附庸——子爵的例证，见Agobard，*Epistolae*，n°. 10（致Matfrid的信），约818—828年，ed. E. Dümmler，M. G. H.，*Epistolae*，v. 201－203；关于伯爵的附庸——代理人，见G. Desjardins，*Évêques de Rodez au* Ⅸ*e*，*au* Ⅹ*e et au* Ⅺ*e siècle*，Bibliothèque de l'école des Chartes，1863，P. J. n° 6，a° 864（sur la date，F. Lot，*Fidèles et vassaux*，p. 114，n. 4）。

② 关于巨富的“钦命封臣”，见上文，原书第73页注36及 *Capitulare missorum* de Thionville，a° 805，c. 6，Boretius，*Capitularia*，Ⅰ，n° 44，p. 123. *Capitulare episcoporum*，de 792－793，*Ibid*. I，n° 21，p. 52. 关于vassus和vassallus的普遍特点，见 *Epitaphium Arsenii*，Ⅱ，c. 17以及838年虔诚者路易的公共法庭，载 *Gesta domni Aldrici Cenomannicae urbis episcope*，c. 47，ed. R. Charles and L. Froger，Mamers，1889，pp. 147－148. 作为类别的“fidelis”和作为种别的“vassus”，见861年秃头查理的公共法庭，Tessier，*op. cit.*，Ⅱ. n° 228。

2. 恩地和“荣誉地”*

伯爵，尤其是控制着几个伯爵领的侯爵和公爵们，经常被国王授予恩地，这些恩地有时位于他们的司法管辖区之内，有时则在其外。他们通常也掌有那些作为职俸的土地。这就是 res de comitatu，即固附于伯爵职位的地产；这些地产和职位的关系非常密切，
98 有时人们直接用表示职位的词 comitatus（伯爵职）甚或 ministerium（公爵职）称呼之，似乎这些地产就是职位本身。例如，817 年虔诚者路易颁发给图尔奈大教堂的一份特许状，授予它一些王室地产（fiscus），而这些地产属于当地伯爵的职俸。[③] 至少从查理曼时代起，这些王室大地产（fisci 即 villae）也同样成为了“恩地”。因此，这些伯爵与其他高级官员是国王之封臣，他们从国王手里以恩地的形式持有这些地产——这些地产的收入代表这些职位所具有的主要诱惑力；他们必定常常受到引导，也将他们的职位本身——以专门术语，职位被称作“荣誉”（honor）——视为持有的恩地。这种观点被君主所接受。甚至有可能，国王把职位授予官员时，要交给他们某种象征权威的物件；这个仪式在本质上与封君封授封臣恩地的仪式相同，自然易于使人们在头脑中习惯于这个观念，即“恩地”不仅包括固附于伯爵职位的实际地产，而且也包括

---

* 应该注意的是，在加洛林时代，欧洲大陆上的 honour 指一个职位，它和英语中的 honour 所指的大封建贵族身份有很大区别。——英译者

③ 比如，864 年的“伯爵职”：秃头查理的特许状，见 Tessier, *op. cit.*, ii, n°. 263；*Ministerium*：*Recueil des historiens des Gaules et de la France*, Ⅵ, p. 509。

“荣誉”即职位，这些地产只是作为附属物而归附于其上。

所以，9 世纪下半叶文献提到了授予或剥夺某个人的“荣誉”，如前面提到，868 年秃头查理剥夺过欧德斯——“强人”罗贝尔的儿子——及普瓦提埃地方的雷努尔夫伯爵的儿子们继承其父辈持 99
有的荣誉的权利。[④] 由此我们须明白，“荣誉”这个词所指的是从国王那里得到的职位与恩地形式的地产的综合体；“荣誉”可能包括一个或更多的伯爵领，一个或多个世俗修道院院长职位，以及不同数量的地产。欣克马尔在《圣伯尔丁编年史》最后一节中，习惯于用“荣誉”这个词表示伯爵的职俸和职位，也用这个词表示主教的职俸和职位，甚至表示国王封臣的恩地。这种现象已经变成通例。[⑤]

公共职位逐渐具有“恩地”特征，有助于解释“荣誉”何以在 9 世纪轻易变得普遍具有继承性。正如普通封臣想方设法以确保死后将恩地传给儿子，同样，“荣誉”持有者也渴望将附着于职位的地产纳入家族世袭财产。“荣誉”和恩地的同化到 877 年已经是既定事实，这个事实见于秃头查理于同年出征意大利前夕在奎亚兹所

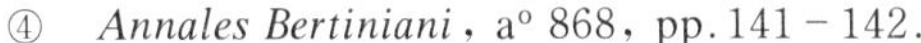

④ *Annales Bertiniani*, a° 868, pp.141－142.

⑤ *Annales Bertiniani*, a^{is} 866, p.126, 869, p.153 et 167, 872, p.188, 877, pp.218－219, 878, p.222. 特鲁瓦的主教普鲁登修斯在他编辑的编年史的早些部分仍然使用一个过渡性的名称：荣誉恩地（beneficiarii honores）（a° 839, p.20），见 *Tertium missaticum and Aquitanos et Francos directum*, a.856; *Conventus* de Coblence, a° 860, *Adnuntiatio Karoli*, *Capitula*, c.7 及罗曼语 *Admonition* finale de Charles le Chauve; capitulaire de Quierzy, a°.877, c.10 ; Boretius-Krause, *Capitularia*, ii, n°s 265, 242, 281; pp.285, 156, 158, 358。所有这些文献中的 honor 的含义，与 Annals of St. Bertin 最后一节相同。

100 采用的措施。[⑥] 同样的规则为伯爵职即伯爵的荣誉制定出来，就像为国王封臣制定的规则一样，以防其持有者死亡出现空当。在这两种情况下，它设定的条件是，儿子通常可以承继其父。公共职位和恩地的继承性都得到明确承认，至少在事实上是如此。

9世纪下半叶，“荣誉”同化于恩地的现象，不仅出现在西法兰克王国，而且也出现于东法兰克王国；但在东法兰克王国，荣誉的继承性也同恩地的继承性一样，被接受的程度要低得多。

9世纪时，不单单是王室的世俗代理人进入了国王封臣等级，从国王手里获得作为恩地的职位。从虔诚者路易统治时期开始，显而易见的是，被视为王室官员的主教和修道院院长，都被要求向国王委身，他们的职位——无论是主教职位或修道院院长职位都被视为恩地。特鲁瓦的普鲁登修斯主教记载，873年皇帝命令弗里西亚到塞纳河之间的所有恩地持有者，向年轻的秃头查理国王委身，并宣誓效忠。他在记载此事时，并没有区分主教、修道院院长、伯爵和国王封臣。[⑦] 在帝国分裂出来的各王国中，这种事态继
101 续存在。在西法兰克，兰斯的欣克马尔大主教宣称，对教士而言，那些象征着人身让渡的两方双手相合动作（immixtio manuum）可以免去，但他充分肯定委身礼的必要性。[⑧] 主教们的效忠宣誓和封臣的效忠宣誓非常相似。拉昂主教、年轻的欣克马尔的效忠宣

⑥ 见前文，原书第90页及注55。

⑦ “episcopi, abates, comites et vassalli dominici”, *Annales Bertiniani*, h. a°, p. 23；见前文，第57页及注12。

⑧ *Epistola Synodi Carisiacensis* (a° 858), c. 15, Boretius-Krause, *Capitularia*, Ⅱ, n° 297, p. 439；*Ann. Bertiniani*, a^is 869, 877, p. 157, 164 et 219.

誓保存至今："我，欣克马尔，拉昂主教，从此刻起，将像封臣忠于封君、主教忠于国王一样，忠于我的封君查理，像封臣服从封君一样服从于他。作为基督的主教，只要意志和力量尚存，我将遵从上帝的意志，为国王的安全而奋斗。"[9]在东法兰克，主教们也同样要成为国王的封臣，而且两方双手相合的仪式没有省略。至少到该世纪末的情况是如此。阿达尔加尔是汉堡-不莱梅的大主教，圣里 102
姆伯特的副主教，888 年前不久他被授予其职位时，里姆伯特"为他安排了仪式，让他将双手置于国王的双手中，变成了国王的封臣"。[10] 从虔诚者路易统治时期，甚至更早一些，国王授予主教职位时，要把象征其职责的权杖交给对方，[11]这种仪式同样有助于主教职位与"恩地"的同化。

像其他的封臣一样，那些委身于国王、向国王宣誓效忠的主教以及宫廷小教堂的教士，通常承担的义务是宣誓忠诚和履行役务。[12] "建议和援助"(consilium et auxilium)是 859 年一位主教的忠诚誓言所承诺的职责。封臣对封君所承担的义务，将在未来由

⑨ "Ego Hincmarus Laudunensis episcopus de hora ista inantea fidelis ero seniori meo Karolo, sicut homo per rectum seniori suo debet esse et episcopus regi suo et sic obediens quomodo homo per rectum seniori suo debet esse, et episcopus Christi secundum meum sapere et posse ad Dei voluntatem et ad regis salutem…" Hincmar, *Libellus Expostulationis adversus Hincmarum Laudunensem episcopum*, c. 10, Migne, *P. L.*, CXXVI .575.

⑩ "per manus acceptionem hominem regis illum fiery… optinuit." *Vita Rimberti*, c.21, éd. G. Waitz, Hanovre, 1884, p.97.

⑪ *Actus pontificum Cenomannis in urbe degentium*, c.23, éd. G. Busson et A. Ledru, Le Mans, 1902, p.299 ; *Vita Rimberti*, c.11, éd. Waitz, p.90.

⑫ *Libellus proclamationis adversus Wenilonem*, a° 859, c. 6 et 13; Boretius-Krause, *Capitularia*, Ⅱ, n° 300, pp.451 – 453.

这个短语最典型地刻画出来。[13]

103 3. 封君在封臣和国王之间的地位

加洛林王朝所奉行的政策，没有产生他们所期待的结果。封臣制的传播、融入国家制度，恩地的大规模封授——所有这一切，最终并没有增强国王的权威，而是削弱了国王的权威。

甚至在查理曼执政结束前，这种情况已经变得很明朗：连接封臣和封君的诸关系纽带，是直接的、感官可直觉感知的关系纽带，其强度远过于连接臣民和国王的关系纽带。当这两种忠诚发生冲突时，封臣几乎总是坚持源自他对封君所做效忠誓言的忠诚。早在 811 年，一份备忘录——为一个处理军事役务的会议而起草——就明确记载，皇帝的一些臣民没有入伍从军，理由是他们的封君没有受到召唤，他们的责任不允许脱离封君。[14] 软弱的虔诚者路易统治时期，开始了一个分裂和叛乱的时代，此时形势每况愈下。叛乱首领的封臣们，很多人由于忠诚地坚守对封君的责任，或找一个方便的托词，支持其封君反叛国王。不为武装反抗国王的

---

⑬ Boretius, *Capitularia*, c.9, p.452；这个短语也见于 *Annales Bertiniani*, a^{o} 877, p.219. 这个短语之最早使用，见于 *Conventus* de Coulaines, 843, c.2 及 851 年的第二部 *conventus* of Meersen, c.3, 6, 7, Boretius-Krause, *Capitularia*, Ⅱ, n°s 254, 205。不同于上引的其他两份资料，此段文字不是特指教士阶层，而是泛指国王的伙伴。见下文，原书第 148 页。

⑭ *Capitula de rebus exercitalibus in placito tractanda*, n° 73, c.8, Boretius, *Capitularia*, Ⅰ, p.165.

封君提供役务，这种观念是一个非常脆弱的堤坝，根本不足以抵制其激情或贪婪的洪流。

伯爵、侯爵和公爵是王权的直接代理人，这些人可称作高级封 104
臣。就这些人而论，他们对交战方的首领所许诺或授予的恩地，胃口极大；为了满足贪欲，他们不仅玩忽公共职守，而且罔顾作为国王封臣的职责。在这里，恩地的存在对国家结构具有瓦解作用。不仅封臣制契约的最初严格性大多被忽视，[15]而且整个封臣制作为一种统治手段的无效性也清晰显露出来。

封土-封臣各惯制的发展，严重损害了法兰克国家以及由它分裂而来的各政权的巩固。

9 世纪下半叶，至少在西法兰克，公共职位获得了实际上可继承的恩地的特性，这种特性严重限制了国王可能对其官员实施影响的权力。

王权代理人出自贵族阶层，在这个阶层中，出自相互契约形式的封臣契约的传播，大大有助于这种观念的传播，即王权本身是有
条件的；如果说臣民对国王有义务，那么国王对臣民也有义务—— 105
这里的“臣民”当然是指“权贵”。国王忠诚地履行其职责，是臣民(populus)对他尽忠的条件——在这里，“臣民”也应理解为“权贵”。在 843 年的康莱恩会议上，秃头查理被迫以极为明确的方式宣布这一公共法原则，[16]此后这一原则便成为西法兰克王国政府制度的基础。可以确信，这个原则无益于增进国家力量。

---

⑮　见前文，原书第 64 页。

⑯　*Conventus in villa Colonia*, c.3, 4, 5, Boretius-Krause, *Capitularia*, Ⅱ, n° 254, p.255.

而且，无可争议的是，封臣制的传播在很大程度上最终使许多自由人脱离了国家直接的控制。诚然，一个自由人拥有封臣关系后，在法律上并不能免除他对国家的责任。他仍然需要履行军役并出席“审判大会”（placita generalia）；公共法庭仍有权传唤他们。但在每一个公共事务上，封君现在都站在了封臣一边，支持与保护他；在某种程度上，封君本身实际上是居于国家和封臣之间的。封臣在封君的指挥下履行兵役，在法庭上得到封君的帮助，或由封君代其进行诉讼。现在，如果政府想接触封臣，特别是那些由于没有恩地，或只有小块恩地而紧紧依附于封君的封臣，那么它将不得不越来越多地求助于封君，要他向封臣施压。至少西法兰克
106 的情况是如此。[17] 853 年秃头查理在赛尔维敕令中，命令钦差采取行动围剿窜犯于国内的匪徒，规定任何人不得为匪徒提供避难之所，所有人都需为王室官员提供援助。如果有人违抗此令，“他的封君——如果他有封君的话——将承担责任，将被交送给国王”（“si… alterius homo fuerit, senior cuius homo fuerit illum regi praesentet”）。换句话说，为确保交出罪犯，国王须借助于封君。三十年之后，事情变得更糟。883 年，卡洛曼国王在贡比涅下令，如果封臣从事匪盗活动，其封君必须将他交送国王，接受法律规定的惩罚；如果封君做不到，不能将他交出，那么他将为封臣缴纳罚金。[18] 封君须为封臣的行为负责，这一事实特别清楚地表明，国家

⑰　见前文，原书第 66 页注 29（更早的实例）。

⑱　quod si eum adducere non potuerit pro eo secundum statute legume emendet *Capitulare missorum Silvacense*, c. 4, Boretius-Krause, Ⅱ, n°260, p. 272; *Capitula Compendiis de rapina promulgate*, c. 3, *ibid.*, n° 286, p. 371.

政权想对一个已经成为封臣的自由人行使的直接权力，已经化为乌有。9世纪末，在西法兰克，世俗封君的封臣实际上已经不受国家司法约束。

不过，将国家的崩颓仅仅归因于封土-封臣关系的分裂作用，
是不正确的。从10世纪初，在法兰西与意大利，权力僭越致使国 107
家的大多数职权，从国王转到众多地方诸侯手中，在德意志，则在较小的程度上转到了公爵们手中；封土-封臣关系的发展并不是这种权力僭越的首要原因。但无可怀疑的是，这些地方大公国的形成，在更小的程度上，那些德意志诸侯国的形成，却大大得益于封土-封臣关系对王权所发挥的削弱作用。

4. 国王封臣的角色

不过，与这些削弱性作用并存的，是另一些相反的作用。首先，有些国王封臣没有被授予“荣誉”，但在全国各地持有恩地。毫无疑问，在9世纪末、10世纪初，这些人常常是国王们可以依靠的力量，用它来对抗地方豪强如公爵、侯爵和伯爵的僭越行为。不过，在大多数地方，地方权贵最终都成功地将这些国王封臣“变成了自己的封臣”。当时的一份文献说，“侯爵们乘国家混乱之际，傲慢地将国王封臣们置于控制之下”（“nam rei publicae statu iam nimis turbato regales vassos insolentia marchionum sibi subiugaverat”）。这份文献还列举来自奥弗涅的一个有趣的例子，来说明这个过程是如何发生的。9世纪末或10世纪最初几年，欧里
亚克的国王封臣杰拉尔，意外地得到一个伯爵头衔，所以渴望忠于 108

他对国王的契约。尽管阿基坦公爵虔诚者威廉使尽浑身解数，要收他为封臣，杰拉尔还是执拗地拒绝他的要求。但有时压力过于强大，难以承受，杰拉尔被迫做出让步，不过，他个人对国王的忠诚得以保持。他本人没有成为威廉的封臣，“但让侄子雷纳德率自己的众多封臣委身于虔诚者威廉”。[19] 雷纳德显然是他的继承人。根据这项安排，杰拉尔本人保持了人身独立，但其恩地则变成了“附属领地”。在德意志，起码在国王封臣能够维持自身地位的地方，国王封臣大概算得上这样的因素之一：这些因素使国王得以挽救自己，在10世纪初不被彻底消灭，覆亡于那些大豪强之手。这些大豪强已经在萨克森、法兰克尼亚、士瓦本和巴伐利亚等很多大地区获得公爵头衔。

5. 封土-封臣关系阻止国家分裂

从另外一个角度讲，封土-封臣关系是防止国家陷于完全分崩离析的一个相当重要的因素。

109 10世纪那些瓜分了法兰西大部分领土的地方诸侯，全是一些伯爵、侯爵或公爵的后代或继承者，他们曾是加洛林君主的封臣，从他那里以恩地的形式持有“荣誉”。就法律而言，事态一仍其旧：这些地方诸侯仍然是国王的封臣，从国王那里以恩地即“封土”(fief)的形式获得伯爵领、侯爵领或公爵领。关于封土，我们很快

⑲ “nepotem tamen suum nomine Rainaldum eidem cum ingenti militum numero commendavit.” Saint Eudes, abbé de Cluny, *De vita S. Geraldi comitis, Auriliacensis fundatoris*, I, c.32, Migne, *Patrol. lat. curs. completus*, CXXXIII, col.660 et 661.

会谈到。

10—11 世纪，这些地方诸侯事实上是相当独立的。他们承认国王是他们的上司，但国王的至上权力纯粹是理论上的。他们与国王之间继续存在但不是非常有效的唯一纽带，是基于他们是国王的封臣。只有造就人身依附关系的义务意识，有时使诸侯为国王履行某些役务，克制某些敌对行动。正是这种封臣关系的存在，使法兰西得以避免完全解体。

在德意志，封臣制似乎也发挥了类似的作用。10 世纪初，国王们之所以能够抵制公爵们的篡权，在一定程度上是因为很多伯爵依然是他们的封臣。936 年奥托一世即位，试图在皇权和公爵们之间建立某种关系纽带——这些公爵完全脱离正常的国家制度，并且靠损害正常的国家制度而坐大——此时，他发现最方便的办法，莫过于把他们都变成自己的封臣。提到这些公爵，编年史家维杜金写道，公爵们“将手置于他的掌中，向他宣誓效忠，并许诺说反对他的所有敌人”。[20] 因此，在德意志，如在法兰西一样，此时的 110
封臣关系确实发挥了某种作用，使国家避免了分崩离析。

[20] “manus ei dantes ac fidem pollicentes operamque suam contra omnes inimicos spondentes.” *Res gestae Saxonicae*, Ⅱ, c. 1, éd. P. Hirsch-H.-E. Lohmann, Hanovre, 1935, p. 64.

第三部分

典范时代的封建主义

引　言 113

10—13世纪是封建主义的典范时代。毫无疑问，就封土-封臣关系而论，10世纪及11世纪上半叶（马克·布洛赫称作封建第一阶段）构成了一个过渡阶段。诚然，10—13世纪的封臣关系纽带的约束力，较前一阶段大为减弱；在13世纪的社会生活中，这些关系纽带的形成，与恩地即“封土”——此后更普遍使用的称呼——的封授，不再像10、11、12世纪中那样发挥根本性作用。至少在法兰西、英格兰、莱茵河以西的德意志地区即洛塔林吉亚，情况就是如此。同样真实的情况是，直到12世纪末，特别是13、14世纪，封土-封臣关系诸惯制才在德意志的政治结构中占据主要地位。不过，正是在本导言所说的这一阶段上，封土-封臣诸惯制的体系得到充分发展。

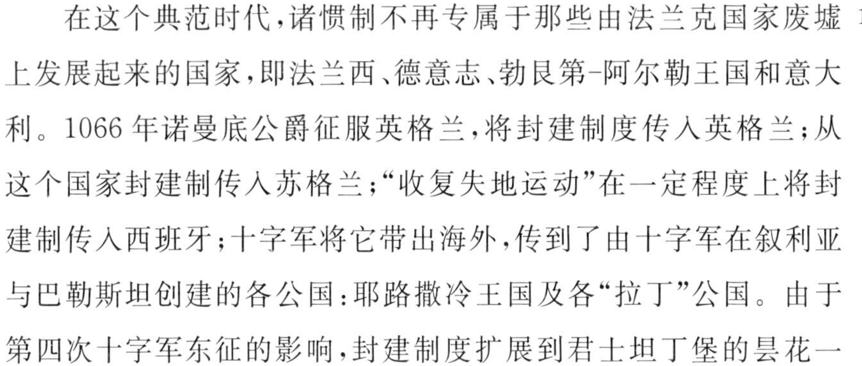

在这个典范时代，诸惯制不再专属于那些由法兰克国家废墟 114
上发展起来的国家，即法兰西、德意志、勃艮第-阿尔勒王国和意大利。1066年诺曼底公爵征服英格兰，将封建制度传入英格兰；从这个国家封建制传入苏格兰；“收复失地运动”在一定程度上将封建制传入西班牙；十字军将它带出海外，传到了由十字军在叙利亚与巴勒斯坦创建的各公国：耶路撒冷王国及各“拉丁”公国。由于第四次十字军东征的影响，封建制度扩展到君士坦丁堡的昙花一

现的拉丁帝国和希腊的诸“拉丁”公国。从德意志，各封建惯制传入邻近的斯拉夫诸国。

拉丁东方的封建主义，可以被恰当地称作“殖民性封建主义”：尽管具有东方渊源，尤其是最初时与东方封建主义具有相似性，但那是一种具有极大特殊性的封建主义。因为它被创造于封君与封臣队伍所确立的政权框架中，有一种易受攻击的军事“边界”，所以，那里的封土-封臣关系被普遍化和体系化的程度，是西欧闻所未闻的，而且更为明显地强调封臣的权利和特权。对于西欧封土-封臣关系的研究，从拉丁国家有关封建主义的文献，特别是以《耶路撒冷条令集》（*Assises de Jerusalem*）即《耶路撒冷王国法令集》中，很难获得很多东西。

115 巴塞罗那伯爵领源自加洛林时期的西班牙边地，在理论上直到 1258 年还隶属于法兰西。除此之外，整个西班牙的封建制度，也可以被视为一种与众不同的类型。与其形成过程相伴的历史条件所促生的诸惯制，在很多方面都不同于比利牛斯山以北的各惯制。

意大利是加洛林君主国的一部分，但是，严格意义上的意大利王国及其境内出现的诸多公国，都发展出了它们特有的惯制，在这些惯制中，法兰克的贡献仅代表一个因素。在北部和中部意大利，其他因素在数个世纪内结合起来，使得这些地区的封建主义具有一种迥然不同于阿尔卑斯山以北地区的特色。对于西欧封建主义研究，人们不能使用 12 世纪在伦巴第集成的各种法律汇编，尽管它们都涉及封土-封臣关系，并以《封土之律》和《封土习惯法》（*Consuetudines Feudorum*）这样的名称为人所知。教皇国封建主义所具有的特点，则更加特殊。至于西西里的诺曼王国，以及意大利南部的诺曼诸公国——诺曼诸公国最终并入西西里的诺曼王国——由诺曼人输入的封土-封臣诸惯制被强加于一个极为复杂的社会和政治制度之中。在这个国家，一个异常强大的中央政府成功地发展出一套特别严密的封土-封臣关系体系；这套体系特别重视封君的权利与特权，特别是国家首领的权利与特权。但这种情况无论如何都不能被视为整个西方封建主义的一个普遍特征。

临近德意志的斯拉夫各国，封土-封臣诸惯制发展出独有的特 116
色，部分原因是受到输入国民众特有制度的影响。

还有法兰西、德意志及勃艮第王国，勃艮第王国在政治上因人员联合而附着于德意志，但在社会发展上更接近法兰西。同样的情况，还有英格兰。

在法兰西、勃艮第王国，在德意志的西部以及——在较弱程度上——在德意志南部，封土-封臣关系在10—11世纪时已经变成一种普遍习俗；一个具有军事经验的自由人，即习惯于马背上战斗且拥有一定社会地位的自由人，几乎都已进入封臣制关系，虽然这种情况不妨碍他偶或持有自己的自主地，以及以封土形式从封君那里持有的地产。这起码是通则，但也有例外，区域之间存在一定差别。在一些地方，封臣关系习俗不太普遍；在另外一些地区，这种习俗只是在稍晚的时候才发展起来。这样的地区常常是庄园经济与大地产制还未普及的地方，如弗里西亚和萨克森。11世纪下半叶在萨克森地区发生了针对亨利四世的叛乱，部分针对的是庄园制度的扩张及上层阶级的封建化。在法兰西南部一些地区，封 117
土-封臣制关系的发展，较之其他地区发展得更欠缺一些。

封建主义传入英格兰，是以其法兰西形式，尤其是以它在诺曼底获得的形式完成的；11 世纪下半叶，少数几个公国的统治者已经成功地建立了强大的中央权力，诺曼底公国是其中之一。此外，封建主义是由一个统领封臣军队的征服者输入英格兰的。这两个特点可以解释这个事实，即英格兰的封土-封臣关系的普遍发展，是德意志或法兰西不曾有的；自主地产在英格兰被完全消灭，全部土地都是直接或间接地从国王手里取得。此外，英格兰国王成功地完全驾驭了封土-封臣结构，使之完全屈服于自己的权威。因此，英格兰的封建主义显示出一些本身独有的特征。

在这些国家，每一个国家中体现封土-封臣诸关系的规则，在很大程度上，都是地区性或地方性习俗。尽管这些规则引起了无数的变化，但仍能够从中确切知道每个国家中支配封君-封臣关系及封土体制的普遍原则，换言之，可以厘清这些国家的 ius militare（军役法）[①]、droit féodal（封土法）、Lehnrecht（封土法）[②]的主
118 要特点；我们甚至可以更进一步：在承认这些封建法之多样性的同时，隔离出那些整个西欧共有的因素。

研究加洛林时期的封土-封臣关系时，王室敕令集是我们的主要资料之一；但在刻画与分析典范时代的封建主义时，我们不能在同等程度上依靠立法资料，因为除了英格兰，这类资料在 13 世纪以前是很稀少的；除了普罗旺斯的福卡尔基耶伯爵领的威廉二世

① 列日主教把埃诺伯爵领授予下洛塔林吉亚公爵，后者又在 1071 年将它授予里希尔达女伯爵，éd. L. Weiland, MM. GG., *Constitutiones*, Ⅰ, n° 441, pp. 649－650。

② *Codex Eberhardi Fuldensis* (milieu du Ⅻe siècle)，见 E.-F.-J. Dronke, *Traditiones et antiquitates Fuldenses*, 1844, n° 76, p. 154。

“法规”(Statute,1162 年)、布列塔尼的“乔弗雷伯爵领判例”(Assise au Comte Geoffroy,1185 年)、埃诺的“封地特许状”(Charte féodale,1200 年),几乎没有其他资料可资利用。[3] 因此,我们将不得不满足于叙述性材料,以及体现时代习俗的特许状。不过,在 12 世纪,出现了另类证据材料:法学论文。这类材料首先出现于 12 世纪初的英格兰,12 世纪末出现于法兰西,13 世纪初期出现于德意志。尽管这些材料是私人作品,并且出现得相对较晚,但审慎而严格地加以使用,这些“习惯法汇编”(coutumiers 或 Rechtsbücher)可以为我们提供充足的资料,完成对典范时代封建主义的研究。

典范时代的封土-封臣关系,也可以像加洛林时代的封土-封 119
臣关系一样,从人身关系和财产关系角度来加以研究;所以,我们将用一章研究封臣制,另一章研究封土。

③ N. Didier, *Le Texte et la date du statut de Guillaume II de Forcalquier sur les filles dotées*, Annales de la faculté de droit d'Aix-en-Provence, 1950, p. 115－132; M. Planiol, *L'Assise au comte Geoffroy*, Nouvelle Revue historique de droit français et étranger, 1887, p. 120－122; L. Devillers, *Chartes du comté de Hainaut de l'an 1200*, Mons, 1898 (＝ C. Faider, *Coutumes du pays et comté de Hainaut*, I, Bruxelles, 1871, pp. 3－6).

121

第一章　封臣制

1. 名词释义

封臣制表示封土-封臣关系中的人身关系因素，在典范封建主义时代仍然被视为封建主义的最根本特征，虽然财产因素的重要性在不断增长。在这一时代，自始至终都可以看到没有封土的封臣，但只有封臣才有希望获得封土。

该时代之初，用来表示封臣的词汇与加洛林时期仍然是相同的。最常用的是 vassus、vassallus、homo、fidelis 及 miles。其中，miles 于 11 世纪与 12 世纪早期使用尤多。1107 年德意志的亨利五世在征讨佛兰德尔伯爵的途中召见班贝格主教时，将后者说成
122 是“胆大妄为的敌人，他应是我们的封臣”。[①] 不过，12 世纪时，该

---

① “tam praesumptuosum hostem qui noster miles debet esse.” *Mandatum de expeditione flandrica facienda*, éd. L. Weiland, MM. GG., *Constitutiones*, Ⅰ n° 81, p. 133. 除了其他例子还有法兰西的两个例子：国王罗贝尔二世的特许状，见 R. Poupardin, *Recueil des Chartes de l'abbaye de Saint-Germain-des-Prés*, Ⅰ, Paris, 1909, n° 51, pp. 80－82, a° 1030 (date: W. M. Newman, *Catalogue des actes de Robert Ⅱ roi de France*, Paris, 1937 n° 84)；国王腓力一世的特许状，见Ⅰ, M. Prou, *Recueil des actes de Philippe Ⅰ, roi de France*, Paris, 1908, n° 106, pp. 270－272。

词在这个意义上的使用逐渐减少，最终完全停止使用，只有法兰西的西南部是例外，在那里，直到13世纪，这个词或单独使用，或与homo一起连用，仍然是对封臣的惯用称呼。② Vassus一词于10世纪以后很少出现。homo和vassallus到处都在使用，但必须补充说明，较之vassal，miles、fidelis与homo总是具有更宽泛的含义，只是在上下文内容恰当时，才被赋予vassal的含义。在方言中，homme和vassal使用于法兰西，而Mann则使用于德意志。封君通常被称为senior，而dominus则很少使用。在法语中，seigneur是被习俗神圣化的词语；suzerain出现很晚，只是在近代才变成seigneur的同义词，从前它表示封君的封君。Herr则是在德意志被人们接受的词语。

2. 封臣契约

封臣关系由缔结委身契约而形成，我们在讨论加洛林国家的
情况时已经涉及。众多文献清楚说明了委身契约如何缔结。让我 123
们看看规定双方义务的行动。

历史家里彻（Richer）曾记载诺曼底第二代伯爵威廉·朗索于927年成为傻子查理的封臣的过程：“他怀着服侍国王之心将双手

② C. Higounet, *Le comté de Comminge de ses origines à son annexion à la Couronne*, Ⅱ, Toulouse, 1949, P.J., n° 4 (1257); R. Boutruche, *Une société provinciale en lutte contre le régime féodal. L'alleu en Bordelais et en Bazadais du* Ⅺ *e au* ⅩⅢ *e siècle*, Rodez, 1947, P.J. n° 4 (1274).

置于其掌中，承诺效忠并以誓言确认之。”（regis manibus sese militaturum committit fidemque spondet ac sacramento firmat）看过10世纪的法兰西文献之后，我们看一下11世纪的德意志文献。梅泽堡的蒂特马尔记述新继位的国王亨利二世于1002年来到德意志东部的情景：“所有服侍先皇之人，都将双手置于新王掌中，向他宣誓，承诺履行忠实的援助义务。”（Omnes qui priori imperatori servierant… regi manus complicant，fidele auxilium per sacramenta confirmant）康布雷位于洛塔林吉亚的东部，这里是“加尔切尔之歌”（Gesta Galcheri）的发源地；“加尔切尔之歌”是12世纪皇权支持者康布雷主教卡尔切尔创作的“史诗故事”，讲述佛兰德尔伯爵罗伯特二世与亨利四世达成和解之事：

124 在大庭广众之下，
罗伯特完成臣服礼，
向亨利宣誓，
承诺此后将如封臣对封君，
忠诚于他的国家，
为卡尔切尔争光，
支持他反对所有敌人。③

---

③ Facto palam hominio
iurat Robertus Henrico，
promittit，miles domino，
quia fidelis amodo
regno eius extiterit，

但我们有一份既清晰又准确的文献。在这份文献中，佛兰德
尔伯爵的书记官——布鲁日的加尔贝，记述了佛兰德尔的新伯
爵——诺曼底的威廉如何于1127年接纳被谋杀的前任的封臣。
“首先按下列方式完成臣服礼。伯爵问未来的封臣是否愿意无保
留地成为他的人，对方回答‘我愿意’，然后合掌置于伯爵手中，他
们以一个吻建立联系。其次，已经完成臣服礼的人向伯爵的代言
人[4]做出保证：‘我凭信仰承诺，从此刻起将忠于威廉伯爵，对他完 125
全臣服，反对所有敌人，诚信无私，绝无欺骗。’最后，这些誓言凭圣
物做出。”[5]

这几个例证所展示的这套法定行为，有时使用加洛林时代通常用来表达其中之一动作——由两方双手相合（immixtio mau-

et Galcherum honorabit
immo eum sustentabit
contra quemcumque poterit.

Richer, *Historiae*, Ⅰ, 53, éd. R. Latouche I, Paris, 1930, p.104; Thietmar, *Chronicon*, Ⅴ, 18 (texte révisé), éd. R. Holtzmann, Berlin, 1935, p.241; *Gesta Galcheri*, str.423 et 424, éd. G. Waitz, MM. GG., SS. XIV, p.202.

④ 在佛兰德尔，代言人需要说法庭要求说的话，因为这个程序以弗莱芒语进行，威廉可能不懂这种语言。

⑤ “Primum hominia fecerunt ita: comes requisivit si integre vellet homo suus fieri, et ille respondit: ‘volo’ et junctis manibus, amplexatus a manibus comitis, osculo confederati sunt. Secundo loco fidem dedit is qui hominium fecerat prolocutori comitis in iis verbis: ‘Spondeo in fide mea me fidelem fore amodo comiti Willelmo et sibi hominium integraliter contra omnes observaturum fide bona et sine dolo’; idemque super reliquias sanctorum tertio loco juravit.” Galbert de Bruges, *Histoire du meurtre de Charles le Bon, comte de Flandre*, c.56, éd. H. Pirenne, Paris, 1891, p.89.

um)完成的行为——的措辞:“委身”(se commendare[⑥] 或 se committere[⑦])。

这些行为是庄严的行为,其有效性有赖于完成这些行为的礼节。可以看得出来,这些行为与8、9世纪文献记载的行为是相同的,但这个时代的文献记载更为丰富且精确,所以应该进行更详细的分析。

3. 臣服礼

在加洛林时代习惯上称作委身礼的行为中,第一个行为是臣服礼。法语作 hommage,有时作 homenage;拉丁语作 hominium,较晚时期作 hom(m)agium,hominaticum,hominagium;德语

126 和荷兰语分别作 Mannschaft 和 manschap,较晚时期作 Hulde 和 hulde,但这些词多用于宣誓效忠。

就我们所知,与法文 hommage 对应的拉丁语词汇不见于11世纪上半叶以前。最早使用这些词汇的文献,来自巴塞罗那伯爵领(ominaticum:1020)、比利牛斯山的塞尔达涅伯爵领(hominaticum:1035)、朗格多克东部(hominaticum:1035)和安茹地区

⑥ 见前文,原书第57—58页。

⑦ 如 Flodoard, *Annales*, a^{is} 927, 932, 940, 943, 957, éd. P. Lauer, Paris, 1905, pp.39, 53, 77, 86-87 et 144; Dudon de Saint-Quentin, *De moribus et actis primorum Normanniae ducum*, Ⅳ, 67, éd.J. Lair, Caen, 1865, p.21; Prou et Vidier, *Chartes de l'abbaye de Saint-Benoît-sur-Loire*, Ⅰ, n° 51。

(hominagium:1037)。[⑧] 11 世纪下半叶该词在法兰西普遍使用。在德意志,最早使用该词的文献(hominatio)出现 11 世纪最后二十五年。[⑨]

臣服礼包含两个元素。首先是“两方双手相合”仪式:封臣双
手相合放入封君掌中,封君则将对方的双手紧握在自己手中。其 127
次是“意向宣言”,如前文所说,“愿意”的回答,是针对佛兰德尔伯爵于 1127 年在布鲁日所做的提问。这种“意向宣言”在措辞上到处都如出一辙。法兰西西部有一部习惯法著作,写于 13 世纪下半叶,有一个传统但不确切的题名:《圣路易的伟大功绩》(*Etablissements de Saint Louis*),它所记载的套语形式是:“主人,我是您的人了。”(Sire, je devein vostre hom)英格兰著名法学家布拉克顿(Henry Bracton)在其完成于 1250—1258 年的《法论》(*Tractatus de Legibus*)中,提供了一个更长的套语,但开头同样是“成为您的人了”(Devenio homo vester),《圣路易的伟大功绩》中的文字大

---

⑧ J. Rius Serra, *Cartulario de San Cugat del Vallès*, Barcelone, 1945 - 1946, n° 479; F. Miquel Rosell, *Liber Feudorum Maior. Cartulario real que se conserva en el Archivo de la Corona de Aragon*, Ⅱ, Barcelone, 1947, n° 693, pp. 201 - 204 (= Dom Luc d'Achery, *Veterum aliquot scriptorum spicilegium*, 1re éd., Ⅵ, Paris, 1664, p. 434); Dom C. Devic et Dom J. Vaissete, *Histoire générale de Languedoc*, éd. Privat, Ⅴ, Toulouse, 1875, n° 206 - CLXXV, col. 415 - 417; Bertrand de Broussillon, *Cartulaire de l'abbaye de Saint-Aubin d'Angers*, Ⅰ, Angers, 1903, n° 1. 虽然它在 L. Halphen, *Le comete d'Anjou au* Ⅺ *e siècle*, Paris, 1906, p. 260 中受到质疑,但没有任何理由可以质疑它的真实性。978 年巴塞罗那伯爵领的一份特许状提到 hominaticum (F. Udina, *El Libro Blache de Santes Creusm*, Barcelona, 1947, no. 2),如果此特许状的可靠性没有疑问,那么它就是最早提及该词的文献,然而,它的可靠性似乎是有问题的。

⑨ Berthold, *Annales*, a° 1077, éd. G. H. Pertz, MM. GG., SS. Ⅴ, p. 295.

可视为它的译文。同样，封君方面也要以固定的话语表达其意向；《圣路易的伟大功绩》记载的套语是："我接纳你为我的人。"（je vos recoif et pran a home[*]...）[10]这无疑是所用语句的生动例证。

在臣服礼的两个构成元素中，手势明显比双方说出的"意向宣言"更重要。如同所有不太发达的法律体系一样，在中世纪早期的法律观念中，以某种固定语言表达的意图宣言，甚至由双方以这种固定语言一同表达出来的意图宣言，其本身并不足以造就我们所
128 称的对人或物的"物权"。通常说来，象征性的有形行动是必不可少的，在臣服礼中，这个象征性行动就是"两方双手相合"。如果人们想到当时的法律氛围，考虑到当时之人无力以抽象名词思考，如果人们认识到他们对具体事物的兴趣，那么就会明白，在他眼中，成为封臣的重要因素是"双手相合姿势"。从这一行动中出现了这样一些短语，如"将双手伸给某人"（manus alicui dare），或者"置于某人的掌中"（in manus alicuis venire），其意义就是成为某人的封臣；而"以双手接纳某个人"（aliquem per manus accipere），则指的是接纳某人成为封臣。有时，短语的意义更加明晰，如"以手相合而成为某人封土上的封臣"（alicuius manibus iunctis fore feo-

* 此处 a home 异于后文原书第 135 页 a homme，似误。——中译者

[10] *Établissements de Saint Louis*，Ⅱ，19，éd. P. Viollet，Ⅱ，Paris，1881，p. 398；Bracton，*De legibus et consuetudinibus Angliae* f° 80，éd. G.-E. Woodbine，Ⅱ. New Haven，1922，p. 232.

dalem hominem)。[11]

臣服礼的实质是一个人把自己付托给(traditio)另一个人。封臣将双手置于封君手中,象征着封臣把人身付托给了封君,而封君握住封臣的双手,则象征着接受这种付托。然而,除了封臣关系, 129
臣服礼有时可用来建立其他关系纽带,如在12世纪的埃诺和13世纪的佛兰德尔及诺曼底,臣服礼也是终结私仇、缔结和平协议的方式。[12] 但是,以臣服礼造就封君-封臣关系以外的关系的做法,似乎在很晚时候才有,同这个法律行为的最初目的没有直接联系。

臣服礼是象征自我付托的行为,所以不难理解,德意志何以最初不允许“非自由骑士”(ministerialis)向其封君行臣服礼,因为就“非自由骑士”的人身状态而言,封君对他们已经拥有即时的直接的权力,这种自我付托行为变得毫无意义。这条规矩直到12世纪下半叶才衰颓,此时的“非自由骑士”等级的社会地位提高,他们身份中卑贱成分逐渐降低,最终被遗忘。

臣服礼事关一个人的人身屈从,从法律上讲是自由行为;但在

---

⑪ Sigebert de Gembloux, *Chronographia* (1082 – 1106), a° 1007. éd. L.-C. Bethmann, MM. GG., SS. VI, p. 354; 关于1071年埃诺的再封授,见前文,原书第117页注1; *Annales Altahenses maiores* (Nieder-Altaich, Bavière, XIe siècle), a° 1045, éd. E. von Oefele, Hanovre, 1891, p. 39; B. Guérard, *Cartulaire de l'abbaye de Saint-Bertin*, Paris, 1840, II, I, n° 28, pp. 202 – 203 (1087); D.-C. Douglas, *A charter of enfeoffment under William the Conqueror*, English Historical Review, XLII, 1927, p. 427 (1066 – 1087)。

⑫ C. Duvivier, *Recherches sur le Hainaut ancien*, II, Bruxelles, 1866, P. J. n° 127^{6}, p. 584; G. Espinas, *La vie urbaine de Douai au Moyen Âge*, III, Paris, 1913, P. J. n° 240, p. 321; *Summa de legibus Normannie*, XXVII, 5, 载 J. Tardif, *Coutumiers de Normandie*, II, Rouen, 1896. *Summa* 出现于13世纪中期。

一些时期和地区，封君拥有对封臣的强大权力，所以有时也发生这样的事情，即封君强迫其封臣臣服于另一个封君。奥达里库·维塔利斯(Ordericus Vatalis)记载，1105年诺曼底公爵罗伯特将其
130 封臣埃夫勒伯爵，“像转让一匹马或一头牛一样”(quasi equum et bovem)，“献给”其兄弟英格兰国王亨利一世，“罗伯特公爵用手把他交给国王亨利一世”(tunc R. dux ipsum regi per manum porrexit)，即让他履行臣服礼，变成国王的封臣。[13]

4. 效忠礼

我们知道，随臣服礼而来的是效忠宣誓(拉丁语为 fides，有时作 sacramentum，iuramentum 或 iusiurandum，补加或不补加 fidelitatis；法语为 foi；德语为 Treue，Hulde[14]；荷兰语为 hulde[15]，有时作 fyauteit[16]，该词来自法语词汇 féauté)。效忠宣誓由封臣站立着做出，手按在《圣经》上或盛有圣物的匣子上。有时封臣先是宣布效忠，然后以誓言加以确认。这种将效忠契约分作两部分的做法，也许可以追溯到加洛林时代，10世纪时就为里彻所知，并见于11世纪康布雷主教的著作(tam per fidem quam per sacra-

---

⑬　Orderic Vital, *Historia ecclesiastica* (Normandie; 1120－1141) Ⅺ, 10, éd. A. Leprévost, Ⅳ, Paris, 1852, p. 201.

⑭　如 Lehnrecht 47, 1, éd. K.-A. Eckhardt, Göttingen, 1956, p. 66. *Sachenspiegel* 出现于1215—1235年(下萨克森)。

⑮　荷兰语 hulde 类似于德语 Hulde，只不过程度更大，中世纪晚期经常指臣服礼和效忠礼的整个仪式，有时也用指臣服礼(见前文，原书第123—124页)。

⑯　*Leenboek van Vlaenderen* (XIVe s.), c. 2, 载 L. Gilliodts-van Severen, *Coutume du Bourg de Bruges*, Ⅲ, Bruxelles, 1885, p. 208。

mentum)。它在佛兰德尔存在到 12 世纪。1101 年伯爵罗伯特二 131
世"以效忠与誓言"(fide et sacramento)向英格兰国王亨利一世宣誓效忠时,显然就涉及它。1127 年佛兰德尔贵族向新伯爵威廉·克利托臣服,这些贵族先是向他许下效忠誓言,然后起誓确认其誓言,似乎也涉及这种习俗。同样,有理由相信,12 世纪时埃诺还存在这种风俗。⑰ 此后这种风俗似乎消失了。

我们提到过一个效忠誓言文献,这个文献见于加尔贝对 1127 年佛兰德尔各事件的记述;但还有其他例证。我们首先从中选取一例。这些长篇拉丁文效忠誓言充满了 10—12 世纪初朗格多克地区使用很多的方言词汇。它们的条款非常详细,某些片段偶或让人回忆起加洛林时期效忠誓言的词句。1034 年富瓦的罗杰尔
伯爵对赫罗纳的主教彼得宣誓效忠,誓言结尾的套语是:"从此刻 132
起,我,罗杰尔,戈辛达之子,将效忠于您,彼得主教,阿利克斯之子;我将竭尽忠诚,无丝毫邪念,就像封臣效忠于封君一样,绝无欺志。"(De ista ora inantea fidel serai ego Rotgarius, filius Carsen a te Petrone episcopo, filio Adalaiz per rectam fidem, sine ingan, sicut omo debet esse ad seniorem suum sine nulla sua de-

---

⑰ 关于 Richer,见前文,原书第 123—124 页及注 3。*Gesta episcoporum Cameracensium. Continuatio*, *Gesta Gerardi* Ⅱ, c.1, 1092 年之后不久编成,1076 年事件, éd. L.-C. Bethmann, MG., SS. Ⅶ, p. 498. F. Vercauteren, *Actes des comtes de Flandre, 1071—1128*, Bruxelles, 1938, nº 30, c.1, p.89(关于这个日期: C.Johnson et H.-A.Cronne, *Regesta Regum Anglo-Normannorum*, Ⅱ, Londres, 1956, nº 515, p.7 et F.L.Ganshof, R.van Caenegem, A.Verhulst, Note sur le premier traité anglo-flamand de Douvres, *Revue du Nord*, XL, 1958)。Galbert de Bruges,见前文,原书第 124—125 页。关于埃诺的文献(部分未编辑),见 N.Didier, *Le Droit des fiefs dans la coutume de Hainaut au Moyen Âge*, Grenoble, 1945, p.28, n.49。

ception me sciente)11世纪上半叶的一份德意志文献记载，1041年波希米亚的公爵布雷梯斯拉夫一世成为德意志国王亨利三世的封臣，所做的效忠宣誓是："他向国王宣誓，将像封臣效忠于封君一样效忠于国王，以他的一切朋友为友，一切敌人为敌。"(iusiurandum regi fecit ut tam fidelis illi maneret quam miles seniori esse deberet, omnibus amicis eius fore se amicum, inimicis inimicum)一个法兰西封臣于1236年所做的效忠誓言是："我发誓，从此刻起，将不侵夺您的人身，也不危害您的生命或手足；我本人不这样做，也不授意或教唆他人这样做。"(Ego... ab ista ora inantea personam tuam non capiam, vitam et membra tua non tollam, nec homo, nec femina, meo consilio vel meo ingenio)最后，可以引用布拉克顿著作引述的一段文字："主人，请听此言：我将以生命与手足、身体与财产，以及俗世的荣耀，忠诚于你，上帝和这些圣物助我这样做。"[18]

133 关于效忠誓言的可能的起源和目的，已在有关加洛林时代封臣制的一节讨论过，此处无须再赘述。[19]

造就封臣制契约的这两项因素如此完全地结合起来，所以效

[18] "Hoc audis, domine N., quod fidem portabo de vita et membris, corpore et catallis et terreno honore, sic me Deus adiuvet et haec sancta". 见前文，原书第124—126页及注4；C. Brunel, *Les plus anciennes chartes en langue provençale*, Paris, 1926, n° 2 (= Devic et Vaissete, *op. cit.*, Ⅴ, n° 202), *Annales Altahenses maiores*, a° 1041, p.27 et 28；阿拉贡国王詹姆士一世向马格龙主教行臣服礼事件，载A. Teulet, *Layettes du Trésor des Chartes*, Ⅱ, Paris, 1866, n° 2471, p.329；Bracton, *De Legibus*, f° 80, éd. Woodbine Ⅱ, p.232。

[19] 见前文，原书第58—62页。

忠宣誓仪式紧随臣服礼举行。这种情况由当时描述这类习俗的术语反映出来。埃诺的伯爵鲍德温五世颁布的一份特许状，提到1187年奥南市长向其封君——康布雷圣母院的教士会教士们——所做的臣服礼和效忠誓言，使用这样的措辞：hominii dominis a maiore facti et fidelitatis ab eodem eisdem promissae（市长向封君们行臣服礼，前者向后者宣誓）。[20] 法语短语 foi et hommage（效忠宣誓与臣服礼）在中世纪晚期被普遍用来表达这一套行为，恰如其分地展示了它们密切结合的特点。说到封君一方，往往会说他接受某人 à foi et hommage，意思是他接受此人为封臣；说到另一个人，则说他 à foi et hominage——以封臣身份——持有一块地产（封土）。

一般说来，效忠礼与臣服礼似乎“产生”（portare fidem）于封君的主府邸，或封臣所持封土附属的贵族庄园的主宅第。比如，在诺
曼底，到 1091 年前后，这已经成为了公爵属下封臣们的一项正式义 134
务。但也存在其他习俗。有些人持有大面积法兰西封土，且靠近封君土地，这种情况下，他们在两块领土的交界处举行臣服礼和效忠宣誓礼。对于10—13世纪初法兰西国王的封臣诺曼底公爵，12、13世纪勃艮第公爵及各教会封君的封臣香槟伯爵而言，这是通常的做法。这种臣服礼被称为“边境臣服礼”（homagium in marchia 或 in locis in marchiam deputatis）；法语称作 hommage en marche。[21]

---

[20] C. Duvivier, *Actes et documents anciens intéressant la Belgique*, Ⅱ, Bruxelles, 1903, n° 64, p. 133.

[21] *Consuetudines et Iusticiae*, c. 5, 载 C. H. Haskins, *Norman Institutions*, Cambridge (Mass.), 1918, p. 282. - A. Longnon, *Documents relatifs au Comté de Champagne et de Brie*, Ⅰ, Paris 1901. n° 16, p. 473, n° 19, p. 474。

5. 接吻礼

尤其在法兰西，臣服礼和效忠宣誓礼经常伴有第三种仪式，即“接吻礼”(osculum)。11 世纪，德国出现接吻礼。1057 年后不久去世的圣加仑修道院的修士艾科哈德四世，讲述了诺特克如何于 971 年在奥托主持下当选为修道院院长，成为皇帝封臣：“‘现在你最终成为我的人了’，皇帝这样说，用手握住他，亲吻他；福音书被人带来后，诺特克发誓效忠于皇帝。”(meus tandem eris, ait, manibusque receptum osculatus est; moxque ille evangelio al-
135 lato, fidem iuravit)我们已经看到，1127 年佛兰德尔出现这种仪式的实例。在 13 世纪《圣路易的伟大功绩》中，我们再次发现这种仪式；按照《圣路易的伟大功绩》，封君在接受封臣的臣服礼时说了这样的话：Je vos recoif et pran a homme et vos en baise en nom de foi(我接纳你为我的人，并以诚信之名吻你)。[22]

接吻礼通常在臣服礼之后举行，但它既不具有臣服礼的重要性，也不具有效忠宣誓礼的重要性。一旦这两个仪式完成，封臣契约关系就缔结了，接吻礼不是根本性元素，对契约的缔结不是必要条件。它只是肯定双方约定义务的一种形式，就像用它来肯定其他形式的契约，类似于今天交易达成后的酒宴或握手。不过，像臣服礼一样，接吻礼也是视觉性动作，被认为会像“双手相合姿势”一

㉒ *Casus S. Galli*, c.16, éd. I. von Arx, MG., SS. Ⅱ, p.141. 见前文，原书第 124 页及注 4。*Établissements*, Ⅱ, 19, éd. Viollet, Ⅱ, p.398.

样加深观众的印象。中世纪晚期，至少在法兰西，诸如 hommage de bouche et de mains（以嘴与手表达的臣服礼）之类短语比较常见，而封臣则被描述为 homme de bouche et de mains（以嘴与手表示臣服的人）。

6. 吻足礼 136

10 世纪及 11 世纪初，在臣服礼与效忠誓言礼之后，有时举行封臣对封君的吻足礼。这种传统无疑可追溯到封臣制的卑微渊源。这种令人感到屈辱的仪式只见于不多的材料记载，且毫无例外限于法兰西。[23] 它较早消失，从未构成封臣契约的根本元素。

7. 例外情况

如果说接吻礼对封臣契约的形成不是根本因素的话，那么臣服礼和效忠礼这二者却是不可或缺的，至少在法兰西、德意志和英格兰是如此。所能找到的少数例外情况只能肯定这个规则。如果说法兰西国王不施行臣服礼，那是因为他是国王：1124 年，路易六世宣布，韦克辛伯爵从圣德尼修道院得到封土，“因为他不是国王，所以应该行臣服礼”。[24] 德意志国王也是同样的情况。11 世纪，德

---

[23] Dudon de Saint-Quentin，Ⅱ，28－29，p.169（911；见前文，原书第 125 页注 7），Richer，Ⅳ，11，t.Ⅱ，1937，p.162（987）。

[24] “si rex non esset，hominium ei debere.” Suger，*Liber de rebus in administratione sua gestis*，c.4，éd.A.Lecoy de la Marche，Paris，1867，pp.161－162.

意志、法兰西和英格兰的主教们都必须向统治者行臣服礼及宣誓
137 效忠，但在12世纪，教会内部的改革运动取得胜利，并将其主要原则成功地加诸世俗社会；受此影响，行臣服礼的习惯逐渐消失。在吉耶纳和罗讷河附近的一些地区（福雷、里昂山和多菲内）——这些地区隶属或曾经隶属勃艮第-阿尔勒王国——13世纪时封臣关系的产生，有时只凭一个简单的效忠宣誓，而没有所要求的臣服礼。㉕ 对此反常现象的解释，在此一时期的法兰西南部，似乎可求之于封土-封臣关系中财产因素对人身因素发挥的影响；在法兰西，界定这些关系的规则，南部不如北部严格，而且，封土产生之时，封臣可以确定条件——在卢瓦尔河以北地区，这些条件似乎是不可想象的。无论如何，即使是在南部，这种现象也是例外情况，而且见于晚期。

但有一个国家，在那里，臣服礼很早就消失了，如果不是完全消失，也是在很大程度上消失了：这就是意大利王国。在意大利的
138 伦巴第地区，臣服礼在12世纪就已经消失，宣誓效忠就足以确立封臣关系契约。㉖ 不过，这不是教皇国和西西里王国的情况；在西西里王国，臣服礼和宣誓效忠的实行，与诺曼底的方式相同。

㉕ *Recogniciones feodorum in Aquitania*（1273－1275），n° 11，载 C. Bémont, *Recueil d'actes relatifs à l'administration des rois d'Angleterre en Guyenne au XIIIe siècle*, Paris，1914，p.15；P.-E. Giraud，*Essai historique sur l'abbaye de Saint-Bernard et sur la ville de Romans*，2e partie，Ⅱ，Lyon，1866，Preuves，n° 385，p.94；M.-C. Guigue，*Cartulaire lyonnais*，Ⅰ et Ⅱ，Lyon，1885－1893，n° 212（1225），ainsi que les n°s 178（1221）et 260（1230），comparés avec les n°s 672（1268），762（1280）et 842（1297），其中提到授予臣服礼上的封土（feudum ad homagium）。

㉖ *Consuetudines Feudorum*，Antiqua，Ⅷ，8－11 et 12，éd. K. Lehmann，*Das Langobardische Lehnrecht*，Göttingen，1896，pp.119－120 et 123.

8. 书面契约

我们所论述与分析过的各种协议都是口头性的，中世纪早期的大多数法律形式同样如此。也许发生过这样的事情，即起草一份契据，记录效忠誓言与臣服礼协议的环境，确切说明当事双方承担的权利义务。但这种情况很少见，除非相关方是有势力的人物，封臣契约具有政治意义。一个有名的例子是，1076 年埃诺的里希尔达女伯爵与其子鲍德温二世成为列日教会的直接封臣，一个契据规定了列日主教的权利与义务，也规定了另一方的权利与义务。[27] 另一个例子是，佛兰德尔伯爵罗伯特二世于 1101 年成为英格兰亨利一世的封臣时所签订的契据。[*] 还有一些契据实例，以 139
这些契据，封臣承认他已向封君效忠宣誓并行臣服礼，随之附上所接受的处罚性条款。从 12 世纪末期到 13 世纪，法兰西王室强迫一些封臣签署类似的契据，以达到政治目的。[28]

---

[27] 相关分析，见 Gislebert de Mons, *Chronique*, c. 9, éd. L. Vanderkindere, Bruxelles. 1904, p. 13 et 14。佛兰德尔-英格兰，见前文，原书第 131 页注 17.

* Vercauteren, *Acte*, no. 30. ——英译者

[28] 1196 年佛兰德尔伯爵鲍德温九世的臣服礼契据，载 W. Prevenier, *De oorkonden der graven van Vlaanderen 1191—1206*, Bruxelles, 1964, n° 52 (= F. Lot, *Fidèles et Vassaux*, Paris 1904, Appendice Ⅰ, pp. 255－257)。腓力·奥古斯都宣布接受香槟伯爵蒂博三世行臣服礼和宣誓效忠的契据，以及 1198 年接受蒂博三世行臣服礼的契据，载 Longnon, *Documents*, Ⅰ, Chartes, n°s 3 et 4, pp. 467 et 468; 第一份契据也见 *Recueil des actes de Philippe Auguste*, Ⅱ, éd. C. Petit-Dutaillis et J. Monicat, Paris, 1943, n° 581, pp. 129－130. 1212 年佛兰德尔伯爵葡萄牙的费朗臣服礼的契据，载 C. Duvivier, *La querelle des d' Avesnes et des Dampierre*, Ⅱ, Bruxelles, 1894, P.J., n° 7, pp. 13－14。

不过，在法兰西南部，及罗讷河沿岸的勃艮第-阿尔勒王国各地区——在这些地区，书面协议的使用远比卢瓦尔河北部地区更常见——用契据保存封臣契约记录这种习俗，从 12 世纪初以后变得普遍起来；这些契据通常包括封臣所做的效忠誓言正文，正文是拉丁语夹杂俗语。我们拥有一大批契据，这些契据保存了 1111 年以后蒙彼利埃的封君们属下的主要封臣所做的效忠誓言。[29] 法兰
140 西南部重视效忠誓言甚于臣服礼，也许可由这个事实来解释：效忠誓言的内容更容易载入书面协议中。

9. 农奴的臣服礼

我们知道，在 12—14 世纪的法兰西，一些臣服礼有时伴有效忠誓言，这些臣服礼由自由人完成，这些自由人是某个教会机构的农奴。不过，农奴的臣服礼和效忠宣誓出现得比较晚，这让我们有理由认为，它不过是对封臣的臣服礼和效忠宣誓习俗的一种模仿。

10. 封臣契约的影响

由法律协议——我们已经讨论过——所造就的封臣契约，造成了两个方面的后果：一方面是封君对于封臣的人身权力，另一方

---

[29] A. Germain, *Liber instrumentorum memorialium. Cartulaire des Guillems de Montpellier*, Montpellier, 1884 - 1886, n°s 316 以下（Montferrier 之主），422 以下（Cournonsec 之堡主）。关于多菲内，见 U. Chevalier, *Cartulaire de l'église de Die*, Grenoble, 1868, n° 1, pp. 28 - 29 (1168)。

面是双方的义务。

11. 封君的权力

封君对封臣的权力(dominatio、dominates、dominium、potestas 等)的存在，乃是基于臣服礼，以及臣服礼所蕴含的“人身付托”(traditio personae)。在其本初的概念中，这种权力必定带有这样的特点，所以它只能被置于物权范畴内。这种权力是封君对封臣 141
的人身所拥有的即时的直接权力，只受限于一个观念，即它与封臣的自由人身份不相容，与封臣作为臣民对国王的忠节不相容。但在我们所研究的这个时代，这种权力已经明显较从前弱小；只有对那些无封土的较弱小封臣，只有在那些封君权威异常强大的国家与时代，它才有充分的效力。

一般来说，封君对封臣的权力可以简单归结为要求“服从和尊敬”。对此，13 世纪中叶的布拉克顿有清晰的认识，他解释“双手相合”仪式，写道：“它在封臣一方，表示服从和尊敬。”[30]从这种“尊敬”(reverentia)中产生出封臣对封君应有的外部尊敬行动，如封君上马时为他牵马坠镫，庄严场合侍立左右，为他提供其他依时间和场合而来的“礼节性役务”。这种权威，即封君对封臣的人身权力，也由许多词语来表现，这些词语强调封臣对封君的依赖：它使用物主形容词或所属物的属格。墨森伯格的铁玛尔提到 1002 年

---

[30] *immixtio manuum*: *per quo significatur... ex parte tenentis, subiectio et reverentia*, *De Legibus*, f° 80, éd. Woodbine, Ⅱ, p. 232.

图林根伯爵成为国王亨利二世的封臣时写道："他成为国王的东西
142 了。"(Regis efficitur)11世纪上半叶康布雷各主教的史诗故事的作者，记载1007年(实际上是1012年)佛兰德尔伯爵成为德意志国王亨利二世的封臣时，写道："他很快就变成他的人了。"(Mox suus effectus)1071年埃诺的里希尔达女伯爵成了下洛塔林吉亚公爵"驼背者"戈弗雷的封臣，我们在有关此事的记载中读到Ipsa vero ducis effecta，字面的意思是："她成了公爵的东西。"[31]毫无疑问，这些词语所表达的依赖性，已经不再是11世纪的实际情况。

12. 双方的义务

封臣关系契约是一个相互性的契约，它要求双方承担义务。这些义务是由臣服礼和效忠宣誓这两个仪式共同确立的，尽管11—13世纪法兰西和英格兰的理论家倾向于认为，这些义务如果不是完全源自效忠誓言，也与它有着特别关系。

11世纪上半叶，至少有一个人由于他本人是属下教会的众多封臣的封君，非常熟悉实际的封君-封臣关系，他思维发达，能够以抽
143 象名词表达这些关系。这个人就是沙特尔的富尔贝主教，他于1020年致信阿基坦的公爵威廉五世，对封臣关系契约所造就的义务做了一个极为出色的定义。这个定义非常重要，值得全文引述。

"一个向封君宣誓效忠的人，应该永远记住下列六个词：

---

[31] Thietmar, *Chronicon*, Ⅴ, 14 (9), p. 236, a° 1002. *Gesta episcoporum Cameracensium*, Ⅰ, 115, éd. L.-C. Bethmann, MM. GG., SS. Ⅶ, p. 452. 关于埃诺次级封地的记载, éd. L. Weiland, MM. GG., *Constitutiones*, Ⅰ, n° 441, p. 650。

‘安全’、‘可靠’、‘诚实’、‘堪用’、‘做事易’和‘能做事’。‘安全’，指的是不可伤害封君的身体；‘可靠’，指的是不可出卖保障封君安全的秘密或城堡而伤害到封君；‘诚实’，指的是行事不可损害封君的司法权或关乎其荣誉的其他特权；‘堪用’，指的是不糟蹋封君的财产；‘做事易’和‘能做事’，指的是不可在封君希望做的事上犯难，不可完不成封君可以完成的事。封臣避免以任何方式伤害封君是合理的，但封臣持有封土，却并非因为这种规避；避免做坏事是不够的，还需要做好事。因此，封臣如果想证明自己配得上那份恩地，诚实地履行了他所做的效忠誓言，那么他需要在以上六个方面，诚心诚意地给封君提供‘建议’和‘援助’。同样，封君也要在所有事情上为向他宣誓效忠的封臣做事。如果没做到这一点，他将理所当然地被视为不讲信义而受到谴责，就像人们发现一个封臣不履行义务，在实际行动或口头上，犯下背信弃义及伪誓罪。”[32]

[32] “… Qui domino suo fidelitatem iurat, ista sex in memoria semper habere debet: incolume, tutum, honestum, utile, facile, possibile. Incolume, videlicet ne sit domino in damnum de corpore suo. Tutum, ne sit ei in damnum de secreto suo, vel de munitionibus per quas tutus esse potest. Honestum, ne sit ei in damnum de sua iustitia, vel de aliis causis, quae ad honestatem eius pertinere videntur. Utile, ne sit ei in damnum de suis possessionibus. Facile vel possibile, ne id bonum, quod dominus suus leviter facere poterat, faciat ei difficile; neve id quod possibile erat, reddat ei impossibile. Ut autem fidelis haec nocumenta caveat, justum est; sed non ideo casamentum meretur; non enim sufficit abstinere a malo, nisi fiat quod bonum est. Restat ergo ut in eisdem sex supradictis consilium et auxilium domino suo fideliter praestet, si beneficio dignus videri velit, et salvus esse de fidelitate quam iuravit. Dominus quoque fideli suo in his omnibus vicem reddere debet. Quod si non fecerit, merito censebitur malefidus: sicut ille, si in eorum praevaricatione vel faciendo vel consentiendo deprehensus fuerit, perfidus et perjurus.” *Recueil des historiens des Gaules et de la France*, X, p.463.

144 # 13. 封臣的效忠

现在我们考察封臣的义务，封臣义务包含两项：效忠及一些具体义务。

145 效忠观念在根本上保留着先前的消极特点。[33] 忠诚首先是不做任何危及封君或对他造成损害的事情。

法兰西南部保存下来的效忠誓言充分证明了这一点。这些效忠誓言的开头部分都是本质内容，这些内容毫无例外地均属消极性质。[34] 巴沙鲁伯爵大约于 1053 年向纳博讷大主教宣誓效忠，他在封臣效忠誓言中说："从此刻起，我，威廉伯爵，阿利克之子，将不欺骗威尔弗雷德大主教——吉塞拉女伯爵之子——不伤及其生命
146 或肢体，也不损害位于纳博讷城内的圣茹斯特教堂，也不损害拱卫该大教堂的堡垒，以及该城内属于大教堂的一切物品。"[35]

---

[33] 见前文，原书第 69—71 页。

[34] 在法兰西南部，存在着一些许诺和口头宣誓，几乎无例外地属于消极内容，与封臣关系没有任何关系，在根本上属于保证安全的誓言，比如：Devic et Vaissete, *op. cit.*, éd. Privat, Ⅴ, n° 139 (约 985 年), 148(约 989 年), 185(约 1025 年), 173, Ⅲ (约 1100 年)。这种现象不仅出现在法兰西南部地区。1023 年，在洛塔林吉亚，即当时属于德意志、非常临近法兰西的地区，康布雷主教杰拉尔德一世要求堡主沃尔特的亲属宣立过这种誓言。*Gesta episcoporum Cameracensium*, Ⅲ, c. 41, éd. L.-C. Bethmann, MM. GG., SS. Ⅶ, p. 481。

[35] "De ista hora inantea non tolra ne dezebra Guilielmus comes filius Adalaiz Guifredum archiepiscopum, filium Guisle comitissae, de sua vita neque de sua membra que in corpus suum portat et in suum corpus se tenent, neque de ipsa sede Sancti Justi que est sita intra muros urbis Narbone, neque de ipsa forteza que est constructa insupra de dicta sede, neque de ea omnia que in suprascripta civitate ad suprascriptam sedem pertinere debentur..." Brunel, *op. cit.*, n° 3 (= Devic et Vaissete, *op. cit.*, éd. Privat, Ⅴ, n° 237).

在法兰西北部，人们也广泛地持有同样的观念，这显见于沙特尔的富尔贝写给阿基坦公爵的著名信件中。[36] 效忠誓言承担的义务首先是一种“不作为”(non facere)的义务。这不是一个纯理论性问题。1007年或者稍晚一些时候，富尔贝由于抱怨巴黎主教旺多姆的雷诺——他是沙特尔教会的封臣——不得不写信给他，提醒他承担自己的义务。富尔贝首先强调“我的生命和肢体的安全，我所拥有的土地的安全，或在你建议下将获得的土地的安全”。[37] 1101年佛兰德尔伯爵罗伯特二世与英格兰的亨利一世在多佛尔缔结同盟条约；根据条约，伯爵成为亨利国王的封臣，伯爵“凭信义和圣物做出的效忠誓言保证亨利国王的生命、肢体的安全及自由，所以国王可以因他而免受伤害”。[38] 同一种观念的证据也见于保存下来的13世纪的效忠誓言。[39] 效忠誓言中这个否定性元素，大 147
概就是12世纪佛兰德尔和埃诺文献以“安全”一词所表达的意思——“securitas”一词与fides或fidelitas并列使用；而fides或fidelitas在这种情况下更多地指效忠誓言中的积极方面。[40] 实际上，效忠同样是一种精神态度，这种精神态度决定、影响封臣的所有行动，尤其决定了封臣对各种义务的态度，而这些义务的履行构

---

[36] 见前文，原书第142—144页。

[37] “securitatem de mea vita et membris et terra quam habeo vel per vestrum consilium acquiram.” *Recueil des historiens des Gaules et de la France*, Ⅹ, p.447.

[38] “fide et sacramento assecuravit regi Henrico vitam suam et membra que corpor suo pertinent et capcionem corporis, ne rex eam habeat hanc ad dampnum suum.” Vercauteren, *Acts des comtes de Frandre*, n°30, c.1.

[39] 见前文，原书第131—132页。

[40] Galbert, *Histoire*, c.52, 55, 56, 102, 104, pp.83, 87, 89, 147, 150; Gislebert de Mons, *Chronique*, c.43, 82, p.75, 121.

成了其职责的另一个方面。

14. 封臣的役务

这些役务构成了封臣义务的积极方面。

在这一点上，沙特尔的富尔贝给我们提供了理论和实践两方面的证据。在写给阿基坦公爵的信中，他历数了一个封臣如果想尊重誓言，必须避免做的事情；然后补充说，如果他希望做到忠诚，光靠所有这些还不够，他还应为封君完成积极的役务。同样，在写给旺多姆的雷诺的信中，富尔贝首先讨论了消极的“安全”方面，接着便讨论他期望从封臣那里得到的积极役务。[41] 还有，1101 年佛兰德尔伯爵与英格兰国王缔结的条约，列举了伯爵承诺以忠诚与誓言而不针对封君所做的一些事情，然后陈述他承诺做的事情：他“将帮助国
148 王维护与保卫英格兰王国领土，反对任何活人或死人”。[42]

诚然，这些封臣役务并不是“给予”（dare），而是“做”（facere），即提供一种役务（servitium，servire）。[43] 富尔贝将其总

---

[41] 见前文，原书第 140—142 页及注 32、146 页及注 37。

[42] “et quod juvabit eum ad tenendum et ad defendendum regnum Angiae contra omnes homines qui vivere et mori possint.” 见前文，原书第 146 页及注 38；Vercauteren，*Acts des comtes de Frandre*，no. 30. cap. 1 (p. 89)。

[43] 法兰西的几个例证：沙特尔的富尔贝写给旺多姆的雷诺的信件，见前文，原书第 146 页及注 37：雷诺的封臣成为了他的封臣，向他提供役务（nobis servitium reddere）。布卢瓦伯爵欧德斯二世致罗贝尔二世国王的信件（1022/1023），*Recueil des historiens des Gaules et de la France*，Ⅹ，pp. 501－502：*servitii meritum*，其封臣役务的性质，Guillaume de Jumièges，*Gesta Normannorum ducum*，Ⅵ，Ⅷ，éd. J. Marx，Rouen，1914，p. 105：(1027－1035)布列塔尼伯爵阿兰三世对诺曼底公爵卓越的罗贝尔逃避封臣义务（a ducis servitio se surripere… est aggressus）。

结为“援助”(auxilium)和“建议”(consilium)。我们看到,这两个词在加洛林时代已在使用。[44]

15. 援助

援助,首先包括为封君提供的役务,在典范封建主义时代,通常是指马上骑士的军事役务。除了这种狭义的“役务”,它还包括其他类型的物质救助役务。11 世纪末埃诺伯爵对列日主教承担的义务条例宣布,“埃诺伯爵对其封君列日主教须提供役务,须在
一切事务上提供援助,反对所有人”,包含了这双重意义。[45]这里的 149
“役务”(servitium)一词不是在通常意义上使用,而专指军事役务,而“援助”(auxilium)似乎包括其他方面的援助,较之沙特尔的富尔贝及其他作者的用法,意义更为严格。在英格兰,对封臣军事役务的称述更为精确,所使用的词语通常是 militare servitium 或 servitium militis。

从封君的角度看,封臣的军事役务,在我们讨论的这个阶段的大部分时间中,是封臣关系契约的基本目标。封君拥有封臣,为的是可以有归己调遣的士兵。这个制度的特点仍然以军事为主。不过,军事役务的具体形式,则可能是多种多样。封臣可能承担全副武装的役务,也可能承担仅有最主要武装的役务。譬如,在法兰西西部,陪臣(vasassores)——地方权贵与或大封君的次级封臣——

[44] 见前文,原书第 102 页及注 13。

[45] “comes Hancniensis domino suo episcopo Leodiensi servitium et auxilium ad omnia et contra universos homines... debet.”见前文,原书第 138 页注 27。

及众多仅持有少量封土的封臣，就属于后一种情况。有的封臣只需提供个人服务，而有的封臣则需要提供固定数目的骑士为封君服务。这里还可能有许多变化。有的封臣必须召集自己的所有人马，去响应封君的号令（cum omnibus viribus hominum suorum
150 tam equitum quam peditum），就像埃诺伯爵作为列日主教的封臣，必须按照 1076 年所做规定去做。[46] 在另一些例子中，要求提供的封臣数量可能很少。12 世纪初，佛兰德尔伯爵逃避他对封君法兰西国王承担的义务，以区区 20 名骑士参加其征战（R comes ad Philippum regem ibit cum XX militibus tantum）；另一方面，他在 1101 年同英格兰国王签订的封臣契约，却使他派出 1000 人在英格兰或诺曼底为英王服务，500 名骑士在曼恩地区为英王服务。[47] 11 世纪以后，派出的骑士数量一般同封臣所持封土的重要性相联系。英格兰是例外，那里的骑士数额似乎是由国王所确定，且决定于王室军队的结构。在法、德，出兵数额常常是双方达成的详加规定的协议的主题，特别是涉及刚确立的封臣契约关系。在英格兰，王权成功地掌控着整个封臣组织，其规则——虽然并非总是遵守——是：只有为国王服务时，封君才有权召集封臣从戎。至今犹存的最早的一张封地契约证明了这个规则。1066—1087 年
151 某个时候，征服者威廉规定，一位名叫彼得的骑士——伯里的修道院院长圣埃德蒙按照御旨授予他一块封土——只有在修道院院长

[46] 见前文，原书第 138 页注 27。

[47] 1101 年佛兰德尔伯爵罗伯特二世和英格兰亨利一世的《多佛条约》，c. 12，cf. c. 1 et c. 2，11 et 14，载 F. Vercauteren，*Actes des comtes de Flandre*，*1071－1128*. Bruxelles，1938，n° 30，pp. 89，90，92。

本人受召为国王服役时（priusquam ex parte regis），他才需要为之服役。[48]

军事役务的性质也不相同。在法、英，习惯上将 expeditio 或 hostis 与 equitation 或 cavalcata 区别，即将 ost（出征作战）与 chevauchée（骑马巡视）相区别。前一类役务指重要的军事行动，后一类则指一些短期的征伐或仅仅是护卫任务。在德意志，从 12 世纪下半叶开始，追随国王远征罗马（Römerzug）——在那里加冕即皇帝位——成为国王封臣与次级封臣承担的特别军事役务；腓特烈·巴巴罗萨以封臣义务代替臣民义务作为这种役务的基础，此后情况就是如此。弗赖辛的奥托主教在描述这位皇帝事迹的“武功歌”中，提到“持有封土的全部骑士的队伍”（universorum equitum agmen feoda habentium），提到那些将所有恩地持有者（singulos beneficiatos suos）召唤到麾下的诸侯。[49] 另一种军事役务是守卫城堡（拉丁语为 stagium、custodia，法语为 estage，德语为 Burghut），即负责看守封君的一个城堡。[50] 我们还经常看到另一 152
种义务，即封臣向封君打开自己的城堡，交由封君调遣。比如，蒙

[48] Douglas, *Charter of enfeoffment*, English Historical Review, XLII, p.247.

[49] *Gesta Friderici Ilmperatoris* II, 12, éd. G. Waitz et B. von Simson, Hanovre, 1912, p.113.

[50] 例如，Gislebert：*Chronique* 的很多段落提到，12 世纪的埃诺，伯爵的封臣在蒙斯、瓦朗谢讷和博蒙城堡中承担的“护堡任务”，见 Vanderkindere 版本的评注集，s.v.stagium；对法兰西而言，A. Longnon, *Documents relatifs au comté de Champagne*, I, pp.1－74 有一份香槟伯爵封臣的长名单，这些封臣于 1172 年前后对其领主负担同样任务（*feoda Campaniae*）；*Scripta de feodis*, éd. L. Delisle, *Recueil des historiens des Gaules et de la France*, XXIII, pp.671－675 有一份担任 Monthléry 护堡役务的 13 世纪早期的国王绝对封臣名字的清单。

斯的吉尔伯尔说，埃诺伯爵的全部封臣就是如此，这些封臣持有一座城堡或某个设防建筑。[51]

完成役务对封臣没有任何特殊报酬。但封臣肯定尽力限定服役的时间，在11世纪下半叶的法兰西，所获得的普遍结果是，封臣只应提供一定天数——约40天——的役务，封君只有在给对方付钱的情况下才要他超限期服役。有时说定役务仅限于一些地区。无论如何，这整个问题常常是双方达成私下协议的目标，协议确定役务的限度、可以预见的违规事件，如果需要如何付酬，等等。在德意志，除洛塔林吉亚外，对封臣军事役务的限定出现较晚，更不普
153 遍，也更不精确。12世纪中期之前的英格兰是否存在这些限定，无从确定。

从文献中我们知道，军役之外还有其他形式的役务。有时它们可能与骑士役务相关，是对骑士义务的补充，但通常具有相当不同的特点，涉及庄园管理、封君家政、传送消息、陪侍左右等职责。还有一些不常见的役务，我们可以列举的实例是，巴黎主教的几个主要封臣所负担的一个义务，就是将刚接受祝圣的主教正式地抬进大教堂；英格兰国王的一位总佃臣在肯特持有地产，其役务是国王从多佛尔穿越海峡到维桑时，要"在船中抱住国王的头"。[52] 这

[51] "ita quod comiti Hanoniensi... ad omnes monitiones suas... castrum suum vel munitionem suam debeat redder." Chronique, c.43, éd. Vanderkindere, p.75.

[52] B. Guérard, *Cartulaire de l'église Notre-Dame de Paris*, Ⅰ, Paris, 1850, n° 5, p.5-11, a^is 1197-1208. T. Madox, *Baronia Anglica*, Londres, 1741, p.245. A. L. Poole, *Obligations of Society in the Twelfth and thirteenth Centuries*, Oxford, 1946, p.66, n.2 记载了一种更古怪的役务。

些役务可能是封臣关系晚些时候向此前几个世纪未曾进入的一些领域的扩展；在德意志，这些情况可由这个事实加以解释，即这些役务由“侍臣”（ministeriales）承当，12 世纪时为封臣所充分接受。

军事役务有时可由钱款代之，此钱款称作免役捐（拉丁文 scutagium，法语 écuage）。在英格兰，从相当早的时候，至少在较低的封臣等级中——除了管家行的佃领人（tenants en sergeanterie）——国王允许以钱款代替军役，[53] 12 世纪后半期，金雀花王朝 154
出于财政目的，曾系统地推动以免役捐代替军役的做法，甚至及于国王的总佃臣。征收免役捐的款项可以支付雇佣军，此时的雇佣军较之封臣骑士军队更可靠，也更具灵活性。法兰西也同样有免役捐，人们可以看到其他形式的赎买役务的做法，如在博韦、法兰西岛、奥尔良、安茹、曼恩、图赖讷和普瓦图，可提供一匹马驮载的供应品，或缴纳一笔等量的钱款（roncin de service），代替人身役务：这种做法盛行于 12 世纪，尤其是 13 世纪。还有其他一些代役方式，如奉上一副手套、一柄剑、一副马掌，等等。这些代役的东西不太常见。这些役务被视为一种名誉役务（ad honorem）[54]，1199 年穆尔巴赫和苏黎世修道院院长发给瑞士恩格尔贝格修道院的特许状中，就是这么写的，所以，在德意志封土法中它们被称作 Ehrschatz。向那些很小或新封授封土征收钱款，代替征取役务的方法，在德意志与法兰西并非不为人知晓；比如，在 12 世纪下半叶的 155

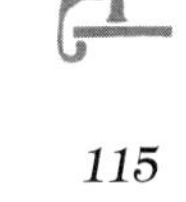

[53] 见后文，原书第 201 页。

[54] *Quellenwerk zur Entstebung der schweizerischen Eidgenossenschaft. Ⅰ. Urkunden*, éd. T. Schiesz, Aarau, 1933, nº 205.

佛兰德尔伯爵领就有一些实例。[55] 在法兰西西南部，人们发现有一些重要的封土——拥有一个城堡作为庄园的中心——只征收通常称作 obliae(oblies)的货币地租。[56] 然而，在法兰西与德意志，这个时期总的原则是征取个人军役。从 12 世纪下半叶开始，德意志允许以支付钱款代替个人参与出征罗马的役务。

所以，有足够的理由认为，家内役务、荣誉性役务及那些与琐屑义务相关的役务——所有这些役务，都不利于军役发展——在 13 世纪得到强化。这确实是一个广泛存在的现象。譬如，在佛兰德尔，1325 年，伯爵在布鲁日领地中有 500 多个封臣，只有 87 个需要履行军役，其他人则从事前面提及的其他役务。[57]

除军事役务外，援助的义务还包括，在必要时向封君提供金钱援助。在 12—13 世纪，“金钱援助”只发生在罕见的场合，这些场
156 合差不多总是一样，所以逐渐形成规则，金钱援助仅限于这些场合。这些场合的数量在各地并不严格一致。譬如，在诺曼底，人们接受三种场合，在法兰西王室领地及大部分地区，人们接受四种情况。“四事援助”(aide aux quatre cas)包括：封君被俘时，封君长子受封为骑士时，长女出嫁时，封君参加十字军出发时。封臣的这些“援助”在英格兰也被普遍承认，在德意志则不那么普遍地被接受。

[55] 比如 F. Vandeputte et C. Carton, *Chronicon et Cartularium Sancti Nicolai Furnensis*, Bruges, 1849, aº 1179, p.231 et 232。

[56] 比如 Higounet, *Le Comté de Comminges*, Ⅱ, Pièces justificatives, nº 3 (1199), 7 (1276-1277)。

[57] J. De Smet, *Le plus ancien Livre des fiefs de Bourg de Bruges vers* 1325, Tablettes des Flandres, 1950.

16. 建议

除了“援助”，沙特尔的富尔贝还将“建议”视为封臣对封君应完成的役务。封臣必须以“建议”支持封君，这是一种役务，它意味着封君召集封臣时，封臣必须到封君身边。在德意志，国王进行巡游（Hoffahrt）时，巡游所需负担的役务就是所有臣民承担的义务，这种义务在12世纪霍亨斯陶芬家族统治时期，成为一项普遍的封臣义务。但在法兰西及德意志西部，至少自11世纪末，这种巡游在一年中仅限于一定数量的旅程。正是因为履行这种役务，封臣才与封君及其他封臣一起出席封君的法庭（curtis、curia）；也正是 157
因为这一事实，consilium一词逐渐使用于封臣与封君一起商讨问题的集会。商讨的目标可以是封君听取封臣意见的任何问题。但这种“商讨”义务的最重要的方面之一，是在封君的主持下，判决交由封君法庭的案子；由于封臣对封君做过效忠宣誓，所以封君要求封臣宣布法律。1122年，佛兰德尔伯爵“好人”查理的伯爵法庭裁决阿拉斯的圣瓦斯特修道院院长与一个名叫恩格尔伯特的骑士之间的争端，佛兰德尔伯爵对出庭参与审判的封臣们说：“先生们，诸位对我负有效忠之责，因此我要求你们，退下去，以一种无懈可击的方式，决定应该如何答复恩格尔伯特，如何答复修士们。”[58]

---

[58] “Domini, obtestor vos per fidem quam michi debetis, ite in partem et iudicio irrefragabili decernite quid Ingelberto, quid monachis conveniat responderi.” Vercauteren, *Actes des comtes de Flandre*, n° 108, p.249.

17. 不承担役务的封臣

在法兰西和勃艮第-阿尔勒诸王国的罗讷河沿岸地区，朗格多克大部分地区，比利牛斯山北岳，人们可以见到一些实例，证明不存在封臣义务或封臣义务微不足道，这些义务不过是将城堡提供
158 给封君使用，为封君提供招待(albergue)，即在一年中指定的时间内允许封君与一定数量的随从人员享受住宿权。享有这种特殊优惠体制的封臣，被认为是持有“自由封土”(franc fief, feudum francium, feudum honoratum)，[59]他们的存在再次证明了封土-封臣关系中财产因素对人身因素的影响。人们可以看到，这种影响是相当强大的，它使封君-封臣关系的本质荡然无存。

18. 封君的义务

封君的义务与封臣的义务显示出鲜明的对应性。沙特尔的富尔贝告诉我们，封君必须“做出一切酬报”(in omnibus vicem reddere)。雷米的腓力普·博马努瓦尔老爷是13世纪法兰西最著名的法学家，一个对其时代的习惯了若指掌的人，他在《博韦人的习惯法》(Coutume du comte de Clermont en Beauvaisis)中重复了这句话，说：“依据我们的习惯法，以封臣对封君的臣服，封臣给予

[59] 见后文，原书第195—199页及注44。

封君多大的效忠，封君就应还以多大的回报。”[60]

对封君来说，也像对封臣一样，这些义务的目标，一方面要求 159
坚守诚信，另一方面则包括一些具体的义务。这里不需要停下来讨论封君对诚信的职责，因为它与封臣的诚信具有相同的特点。他涉及的义务有：不损害封臣的生命、荣誉和财产，[61]同时还表达了一种情怀，这种情怀应主导、深入到封君对封臣的整个行动中。

有形义务可以归为两方面，这两个方面在加洛林时代就已出现：封君对封臣要提供保护和维持生计。

布拉克顿论及臣服礼时宣称，臣服礼“在封君一方就是保护、辩护和担保”，[62]他这样说的时候，心里想的是保护之责。所有资料在这一点上是一致的：它意味着，封臣受到不公正的攻击时，封君必须对封臣的呼吁做出回应，必须保护封臣，反击敌人。这种保护行动可采取不同形式，有时必须经过双方协商。最重要的方面
是在军事方面，它可能会迫使封君发动战争去保护封臣。譬如，正 160
是这个保护义务，使法兰西的腓力一世援助其封臣佛兰德尔女伯爵里吉尔达和她的儿子阿努尔夫三世，去抵御弗里西亚的罗伯特

[60] “Nous disons et voirs est selonc nostre coustume, que pour antant comme li hons doit a son seigneur de foi et de loiauté par la reson de son homage, tout antaut li sires en doit a son homme”见前文，原书第 142—144 页；Philippe de Beaumanoir, *Coutumes de Beauvaisis*, n° 1735, éd. A. Salmon, Ⅱ, Paris, 1900, p.383。

[61] 如 1101 年英格兰-佛兰德尔条约第 18 款列数的伯爵封君国王应避免对其封臣所做事情的契约：这些事情就是国王的封臣伯爵应避免对其封君所做的事情，且在第 1 款中列出来了。见前文，原书第 146 页及注 38；Vercauteren, *Acts des comtes de Frandre*, n°30, c.1。

[62] “ex parte domini protection, defensio et warantia.” *De Legibus*, f° 80；éd. Woodbine, Ⅱ, p.232.

的篡权图谋，尽管在此事中援助并不充分，弗里西亚的罗伯特最终在 1071 年卡塞尔战争中篡权成功。另一个重要方面的保护是在司法领域：封君必须在法庭上保护自己的封臣，即使在国王的法庭上也是如此。1076 年列日教会将诺埃伯爵领授给里希尔达和她的儿子鲍德温二世，列出的条件清楚地提到保护义务的这两个方面："如果罗马人的皇帝因某事传唤诺埃伯爵出席法庭，列日主教要充当被告，替伯爵回答质询。而且，如果有人进攻诺埃，欲加破坏，列日主教须带领军队实施援助，费用自负。"[63]

封君同样要提供建议，帮助封臣，公正地善待封臣。另外，如果封君将封土授予封臣，他必须保证封臣的所有权，防范任何剥夺
161 封臣之封土的企图。有时人们以相同的套语"建议和援助"(consilium et auxilium)来概括这一套义务；它同样被用来概括由封臣承担的义务。[64]

至于豢养封臣，从封君一方看来，其主要目标是，必须使封臣能够提供他需要的役务，特别是军事役务。

豢养封臣，如同以往一样，封君可选择两种不同办法之一实现：可以直接将封臣豢养在家中，也可以授其封土；在罕见的情况下，也可以授予封臣一块自主地，一块恳请地即租用地(en main-

---

[63] "Si dominus imperator Romanorum comitem Hanoniensem ad curiam suam invitaverit ob aliquam causam, episcopus Leodiensis... debet... pro eo in curia juri stare et respondere. Preterea si quis terram Hanoniensem ad malefaciendum aggressus fuerit, episcopus Leodiensis comiti Hanoniensi debet exercitum contra exercitum in propriis expensis episcope." 见前文，原书第 138 页注 27；Gislebert de Mons, *Chronique*, c.9, éd. L. Vanderkindere, Bruxelles. 1904, p.13 et 14.

[64] 见前文，原书第 143 页及注 32；1128 年，佛兰德尔伯爵、诺曼底的威廉对封君法兰西国王的请求，Galbert of Bruges, c.107, p.154。

ferme)。11 世纪初期，在圣昆廷的杜多笔下，豢养封臣的两种方法之间的区别非常明显。杜多记载了诺曼底伯爵威廉·朗索尔德(William Longsword)如何拒绝一些臣民对封土的请求："你们所要求的土地，我无法给予，但我很乐意把拥有的动产赐给你们，包括臂章、肩带、胸甲、头盔、胫甲、马匹、斧头，以及漂亮的饰金宝剑。162
如果你们能证明愿意侍奉我，你们将在我家中受到优渥，享受到骑士的荣光。"[65]法兰西的这个实例，清楚地说明了获得恩地的封臣与所谓家内封臣在命运上的区别。我们还可以举一个同时代德意志的实例。11 世纪初，巴伐利亚泰根塞修道院的一个修士，写信给一位与他有亲戚关系的伯爵，想替伯爵的一位封臣求情，这位封臣抱怨"至今没有得到一块恩地"(se adhuc carere beneficio)。[66]

在我们所研究的这个时代，自始至终法兰西都有许多"无封土的封臣"(non casati)，他们经常被称为 bacheliers(baccalarii)*。在英格兰，至少到 12 世纪，有一个类似的私家骑士(household knights)阶层，德意志也存在同样的阶层。甚至从数字方面讲，这也是相当重要的。但是，所有封臣对封土的普遍性的渴求，为获得

[65] "Terram quam a me requiritis non possum largiri vobis ; omnem tantum suppellectilem quam possideo concedam libenter vobis; videlicet armillas et balteos, loricas et galeas, atque cambitores, equos, secures, ensesque praecipuos auro mirabiliter ornatos. Gratia mea continua, militiaeque palma in domo mea fruemini, si incumbentes meo servitio voluntarie fueritis." *De moribus et actis primorum Normanniae ducum*, Ⅲ.44, éd. J. Lar, Caen, 1865, p. 187.

[66] *Die Tegernseer Briefsammlung*, éd. K. Strecker, MM. GG., *Epistolae*, in-8°, Ⅲ, Berlin, 1925, n° 72, p. 80.

* 指有希望成为骑士的贵族青年。——中译者

封土所做出的努力，促进了一种发展趋势，这种趋势在查理曼时代之初已显露端倪。相对于“有封土的封臣”，“无封土的封臣”的比
163 例持续下降。到 11 世纪，封臣持有封土已属常态，不持有封土成为例外。在很多情况下，未受恩地的状态只是暂时性的；封臣在忠实地从事几年役务之后可望获得封土，对他而言希望很少落空。

在早期，授予封臣一块恩地，并不一定排除封君以其他办法豢养封臣。这种事态的一些遗迹存留在义务方面，它使得封君每年要给封臣一套衣服，即一套衣袍（vestes），甚至也要给获得恩地的封臣。譬如，每年的圣诞节，列日主教都要送给埃诺伯爵及他的三个主要城堡主三套衣服。[67]

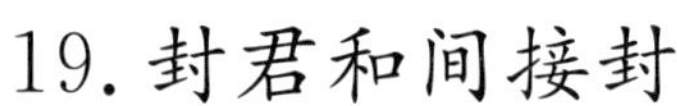

19. 封君和间接封臣

由臣服礼和效忠誓言所确立的法律关系仅涉及契约方，不影响契约双方之外的任何人。封君和间接封臣之间不存在任何法律关系。在 14 世纪的法兰西，这个原则被表述为：“我的封臣的封
164 臣，不是我的封臣。”[68]这个原则自然并不新奇。一个封臣可以率领自己的封臣去为封君服务，但后者对封君的封君没有义务。在

---

[67] 见前文，原书第 138 页注 27，a°1076。

[68] “… queritur utrum homo hominis mei sit meus homo. Et dicendum est quod non…”. Jean de Blanot, *De homagiis*, c.12, éd. J. Acher *Notes sur le droit savant au Moyen Âge*. Nouvelle Revue historique de Droit français et étranger, 1906, p.60；它再次引述于 Guillaume Durant, *Speculum Juris*（*Speculi Gulielmi Durandi… pars tertia et quarta*, Lyon, 1532, f° 120 v.：Liber Ⅳ, Particula Ⅲ, *De feudis*, 28）。

中世纪末期的法兰西，封君的封君逐渐被以“宗主”名之。[*]

这项普遍规则有一项重大例外。封土-封臣关系中财产因素的影响促生了一个习惯，即一个封君死亡而没有封土继承人时，他的封臣被视为其封君的封臣，直至死者的封土继承人合法确立。换一种表述法，即封君对其封臣的封土所享有的权利，在他亡故而无继承人之际，必定转移到最终授予他这些封土的封君。1127 年佛兰德尔伯爵好人查理被谋杀，由于没有子嗣，法兰西国王路易六世就把这位伯爵的封臣当成自己的封臣，让他们出席自己的法庭。[69]

20. 契约的毁弃

我们已经看到，起初封臣无权单方面毁弃约束他与封君关系的契约，除非封君故意对他滥用权力。11 世纪初，至少在德意志的一些地区，这个风俗依然有效。在前文提及的泰根塞修士的书信中，这位修士询问伯爵，他是否可以不给他的封臣“提供恩地形式的援助”(aliquid auxilii… in beneficio)，允许封臣“经你同意后， 165
寻求另一个封君”。[70] 可见，一个封臣要寻找另一个封君，他必须解除第一个契约，而契约的废弃不能单方面完成。但是，从 11 世

* Bloch, *Societe feodale*, i.225, n.1.只是在后来，suzerain 在法语中才逐渐成为 seigneur 的简单的通用词。——英译者

[69] Galbert, c.52, p.82.

[70] “cum gratiosa licentia vestra alium sibi dominum conquirere.”见前文，原书第 162 页注 66。

纪末开始，特别是12世纪上半叶，首先在法兰西和德意志西部地区（洛塔林吉亚），人们承认封臣可以废弃契约，条件是发表庄严声明，放弃封土。在这里，我们再一次看到，封土的存在对封臣关系的重要影响。宣布放弃效忠及封土，被称作 renunciare 或 diffiduciare（法语作 defier，desavouer；英语作 defy，该词现已弃用），弃约声明被称作 diffidentia、diffiduciatio、diffidatio（法语为 défiance、défi、desaveu、démission de foi、démission de fief）。当然，事实是，一个封臣在宣布放弃“效忠”时，通常是既反叛其封君，同时又想保留封土；由此 defier（英文 to defy）一词才具有了 provoquer（英文 to challenge）一词的含义。它是军事冲突的起点。1101年，由于与圣德尼修道院院长发生纠纷，蒙莫朗西的布沙尔毁弃了对他的效忠，战争在从前的封臣与封君之间爆发。[71]

166

21. 制裁

毁弃契约自然引出的问题是，一方没有履行义务所引起的可以预料的制裁。这样的制裁措施是存在的，但必须承认，直到12世纪乃至13世纪，这些制裁措施在很多时候都是无效的；事实上，契约破裂所导致的冲突更多的是诉诸武力。

两方之任何一方没有履行义务都被认为是“背叛”（félonie）。第一项制裁将是断绝“信义”，即放弃友好关系；这和前面提及的

---

[71] “... ut rupto hominio inter defederatos armis, bello, incendiis concertaretur.” Suger, *Vie de Louis VI le Gros*, c.2, éd. H. Waquet, Paris, 1929, p.16.

diffidentia、diffiduciatio、diffidatio 是一样的，就是终止封臣契约，但并不意味着任何一方犯错。不过，作为一项制裁，断绝“信义”可由封臣郑重做出：1173 年雅克·德阿维纳（Jacques d'Avesnes）认为其封君埃诺伯爵鲍德温五世侵犯其权利，抗议无效后，终止了与伯爵夫人——她代替外出的丈夫管理伯爵领事务——的关系，并毁弃了对她的信义（ab ea recedens，ipsam diffiduciare presumpsit）。同样，封君也会断绝信义以为制裁。12 世纪末，一位书写吏、奥尔良学校的执政官，虚拟了一封信函，以法兰西国王腓力·奥古斯都之名写给佛兰德尔伯爵腓力·德阿尔萨斯，传唤他出席法庭，信件结尾写道：“不然，你要知道，我们将与男 167
爵们一道与你断绝信义。”[72]

但更有效的制裁显然与封土有关，这是封土影响封君-封臣人身依附关系的另一标志。封臣的一个严重过失将导致封土被没收，这是违背信义的必然后果，因为封土的封授是以封臣契约的存在为前提条件的。从 11 世纪上半叶安茹的一些契约书中，我们已经看到用来表述没收封土行为的大有前景的术语：forsfacere fevum，fevum forsfactum。1039 年的一份契约书记载，若弗鲁瓦的一位封臣沃尔特杀死了伯爵的一位亲戚，伯爵将他移送法庭，法庭裁定沃尔特“已经完全丧失了从若弗鲁瓦手中取得的封土”（totum ex integro fevum secum frosfecerat，quod de Geoffridi comitis beneficio tenebat）。1101 年，佛兰德尔伯爵罗

[72] “alioquin a nobis et a nostris baronibus vos esse noveritis diffidatum.” Gislebert de Mons，Chronique，éd. Vanderkindere，c. 74，p. 114；A. Cartellieri，*Philipp II August*，*König von Frankreich*，Ⅰ，Leipzig，1900，Beilage 13，B. n° 3，p. 91.

伯特二世与英王亨利一世约定，如果他的封君法兰西国王号令征伐英格兰，他将遵从召唤，但他将以最小规模的士兵出征，以免被“收回他从法王那里持有的封土”。[73] 还有其他词语被用来表示没
168 收封土，制裁过失行为。前面提到的雅克·德阿维纳，随后与其封君埃诺伯爵达成和解，伯爵于 1176 年要求他放弃孔德城堡。他拒绝了此一要求，伯爵法庭做出判决：“雅克已经丧失对城堡的所有权利。”[74]在中世纪晚期，没收封土被称为 commissio 或 commissum，法语作 commise。不过，封臣对封土的权利逐渐发展——这是下文所要讨论的问题——使得没收封土很难做到。英格兰是例外，那里国王权力足够强大，任何时候需要都可以付诸实施。但在 12 世纪的法兰西，发展出来一种临时性的、不太严厉的制裁，即对封土的临时“扣押”或“占有”（saisia、saisimentum，法文 saisie）。在英格兰，一直存在着没收封土的可能，对封土不太需要诉诸这样的“扣押”手段，但“扣押”动产作为一种“临时措施”是经常实施的。封君严重不履行义务而受到封臣的“弃约声明”（desaveu）也同样对封土产生影响；封臣可以直接向推卸责任之封君的封君索取封土，如果没有更上一级的封君，则封臣可以对封土享有完全所有权。

“撤销承诺”行为不管是由哪一方的错误所引起，都要举行一

[73] “ita tamen ne inde feodum suum erga regem Francie forisfaciat.” C. Métais, *Cartulaire de la Trinité de Vendôme*, I, Paris, 1893, n° 16；也参见 n°s 62, 66, 67。关于佛兰德尔，参见 1101 年条约 c.1，前文，原书第 150 页及注 47。

[74] “quod Jacobus in castro suo nihil juris ulterius habere videretur.” Gislebert de Mons, *Chronique*, éd. Vanderkindere, c.80, p.119.

个称为“弃产仪式”(weipitio,exfestucatio)的正式仪式,庄严地弃 169
掷麦秆(festuca)或其他用来象征封土的物件。伊普尔的威廉是佛兰德尔伯爵权位的觊觎者。1127 年,他认为其封臣阿拉尔·德瓦奈通对自己犯了大过,因为他拒绝交出逃跑者贝尔图,此人是布鲁日圣多纳西安教士会的会长。伊普尔的威廉以弃掷麦秆的方式,宣布断绝与其封臣的效忠关系,扣押其封土(hominium Alardi guerpivit et eo diffiduciato, totum feodum eius saisivit)。1128 年,诺曼底的威廉——佛兰德尔伯爵——被封臣伊瓦因·达洛斯特和丹尼尔·德特尔蒙的态度所激怒,想断绝与他们的忠诚关系。布鲁日的加尔贝记载说:“假如伊瓦因胆敢这样做,他会跃步向前,把麦秆掷回给伊瓦因,宣布‘我愿意取消你对我所做的臣服,与你平起平坐’。”(prosiliens exfestucasset Iwannum si ausus esset… et ait: Volo… reiecto hominio quod mihi fecisti, parem me tibi facere…)稍后不久,伊瓦因和丹尼尔认为,伯爵已经不履行其义务,于是派人送信给伯爵,说“直到此刻之前,他们一直坚定不移地对你保持臣服,现在他们通过我们(信使)弃掷麦秆,毁弃效忠”(… hominia, quae inviolabiliter hactenus vobis servaverunt exfestucare per nos non differunt)。加尔贝补充说,“这些信使以其主人的名义弃掷了麦秆”。[75]

---

[75] “Et exfestucaverunt ex parte dominorum suorum internuntii illi.” Gautier de Térouanne, *Vita Karoli comitis Flandriae*, c. 37. éd. R. Koepke, MM. GG., SS. XII, p. 554. Galbert de Bruges, *Histoire du meurtre de Charles le Bon, comte de Flandre*, éd. Pirenne, c. 95, p. 139 et 140.

170
22. 继承性

封臣对于封君的关系，本身是不具有继承性的。但是，我们知道，从很早的时候起，封臣就想把持有的恩地传给子嗣，这种愿望注定赋予这种关系某种继承性。我们研究封土时，继承问题将得到更适当的研究。没有封土，封君与封臣之间的关系就不具有继承性，譬如，“无封土的封臣”与封君的关系，就是如此。

23. 多重效忠

我们已经谈到，9 世纪末以前，至少在法兰西，一个封臣向数位封君臣服的习俗就已存在了；我们说过，获得恩地的渴望打破了封君-封臣关系最初的严格性。这种行为的后果的确是至为严重的：拥有几个封君的封臣可以在他们之间做出选择，且很容易像不属于任何人的封臣一样自行其是。我们有时注意到，有的人害怕这种结局，拒绝成为多位封君的封臣。我们已经讨论过这样的人
171 物：10 世纪初叶的欧里亚克的杰拉尔。埃夫勒的威廉伯爵也是这样的人，此人生活在 12 世纪的前二十五年；根据奥德里库斯·维塔利斯的记载，威廉曾这样宣称：“我既喜欢英格兰国王亨利一世，也喜欢诺曼底公爵罗伯特，但我只能臣服效忠其中一人，作为主人而合法地服侍之。”[76]但这些是英雄故事，非常例外的实例。如果

[76] “Regem et ducem diligo… sed uni hominium faciam, eique ut domino, legaliter serviam.”前文，原书第 108 页及注 19；Orderic Vital, *Historia ecclesiastica*, Ⅺ, 10, éd. Leprévost, Ⅳ, p. 201.

说，泰根塞修士的信说明，在11世纪初的德意志，多重封臣关系风习还没有被普遍接受，[77]那么，在接下来的一百年中，却已流行起来。10世纪时这种习俗在法兰西被接受，也在英格兰传播开来。在12世纪的巴伐利亚，法尔肯施泰因的希波托伯爵拥有20多位封君，从他们那里持有恩地。[78]

人们很自然努力阻止这一事态的发展，以免严重削弱封臣关系纽带的黏合力。从9世纪末，人们就已经认识到，必须找到解决之道。895年的一份文献给我们提供了最早的双重封臣关系的例子。这份文献表明，当时一些人持有这样的观点，即封臣应严格服侍的主要封君，是从他那里得到最大恩地的封君。对帕特里库斯而言，在贝伦加尔与罗伯特之间，他更应是罗伯特的封臣，“因为他 172
从罗伯特那里持有更多恩地”。[79] 在一些地方，人们认为，应该优先侍奉由最早契约关系所确立的封君；这是意大利北部普遍接受的原则。而在其他地方，先行的臣服关系显然优于后行的臣服关系。

24. 绝对臣服

在法兰西，最终占据主导地位的是绝对封君制度（ligesse）；这种制度于11世纪中期出现于法兰西，11世纪末出现于洛塔林

[77] 见前文，原书第162页注66。

[78] *Codex Falckensteinensis*, Monumenta Boïca, Ⅶ, pp. 440－442.

[79] “quia plus ab ipso beneficium tenebat.” 见前文，原书第91—92页及注97。

吉亚[80]，11 世纪下半叶从诺曼底——它可能的发源地——传到了意大利南部，诺曼征服后不久传入英格兰。在这项制度中，人们承认，在一个封臣所拥有的众多封君中，其中一位是他必须严格服侍的，这是原初封臣关系的本质：必须是完全、无保留地服侍他和反对所有人（contra omnes）。[81]

173 这样的封君就是“绝对封君”（dominus ligius）。这个词与德文 ledig 有关，意为“虚空的”、“自由的”，在此情况下的含义是脱离于其他所有关系的。“绝对”的观念也进入封臣、他完成的臣服礼及持有的封土中，所以人们使用诸如 homo liguis（绝对封臣）、ligius miles（绝对兵士）、hominium ligium（绝对臣服）、ligia fidelitas（绝对效忠）及 feodum ligium（绝对封土）这样的词语。正是以同样的意义、相同的含义，dominus ligius、homo ligius、ligantia（=

[80] *Cartulaire de la Trinité de Vendôme*, I, n° 62, éd. Métais, Paris 1893, p. 117, a° 1046; Gislebert de Mons, *Chronique* (Liège-Hainaut, a° 1076), c. 8 et 9, pp. 12 et 13; *Gesta episcoporum Cameracensium. Continuatio: Gesta Lietberti episcopi*, c. 9, éd. L. Bethmann, MM. GG., SS. VII, p. 493（1054 年佛兰德尔伯爵鲍德温五世的绝对兵士，见于 1076 年稍后于康布雷编成的资料）。

[81] *Si integre vellet homo suus fieri*, Galbert de Bruges, c. 56, éd. Pirenne, p. 89（见前文，原书第 124 页）；N. Didier, *Le droit des fiefs dans la coutume de Hainaut au Moyen Âge*, Paris, 1945, p. 31 引用。“反对所有人”：996 年安茹的富尔克·内拉伯爵与布卢瓦伯爵欧德斯一世之子订立的封臣契约，见 Richer, IV, 91, éd. Latouche, II, pp. 294－296；1007 年或稍晚沙特尔的富尔克写给旺多姆的雷诺的信，见 *Recueil des historiens des Gaules et de la France*, X, p. 447，见前文，原书第 146 页注 37；由于行绝对臣服礼，从 1076 年开始，埃诺伯爵必须服务于封君列日主教，“应对一切事与反对一切人”，见前文，原书第 138 页及注 27；根据《多佛条约》（1101 年），佛兰德尔伯爵罗伯特二世成为英格兰国王亨利一世的封臣后，向他保障提供役务，反对一切活人与死人，traité de Douvres, c. 1，见前文，原书第 150 页及注 47；还有 1206 年的一个案例，见后文，原书第 231—232 页及注 86。

ligesse)这样一些词语与概念传到了英格兰和意大利北部地区，于12世纪在那里得到保留与发展。在巴塞罗那伯爵领，“绝对封臣”被称作 solidus。当然，最初时只能有一个绝对封君，这项原则在英格兰受到特别强调，[82]一直到12世纪晚期受到遵守。但在法兰西和洛塔林吉亚，“绝对臣服”制度被用来创建新的关系纽带，其约束力等同于对第一个绝对封君所做的臣服礼；其目的很明显：获取更多的封土。因此，在12世纪的法兰西和洛塔林吉亚，一个人可以成为几个封君的绝对封臣。人们试图为这些绝对臣服关系安排一个顺序，使较早的臣服行动优先于较晚的臣服行动。法兰西君 174
主曾要求其封臣预留对国王的效忠。1101年，佛兰德尔伯爵与英格兰国王亨利一世缔结协议，成为他的封臣，也预留了对法兰西国王的效忠，[83]但这种对效忠加以限定的做法，只在13世纪时才比较普遍。其他形式的臣服被称作是“简单的”臣服（拉丁语 homagium planum，法语 hommage plain、plane、ample，英文 simple homage）；其承担的义务的严格性逊色于“绝对臣服”所承担的义务，且臣服礼仪式较为简单。

在英格兰，从亨利一世时代开始，所有的封臣契约都要预留对国王的效忠，[84]绝对效忠最终为王权所垄断。在德意志，直到12世纪中叶，人们才感到需要绝对臣服制，因为国王、教俗诸侯、大权

---

[82] *Leges Henrici* Ⅰ, 43, 6, 55, 2, 82, 5, éd. F. Liebermann, *Die Gesetze der Angelsachsen*, Ⅰ, Halle a. d. Saale, 1903, pp. 569, 575, 599 (ais 1114-1118).

[83] "salva fidelitate Philippi regis Francorum." Vercauteren, *Acts des comtes de Frandre*, no. 30, c. 1 (p. 89).

[84] *Leges Henrici* Ⅰ, 82, 5, éd. Liebermann Ⅰ, p. 599, ais 1114-1118.

贵拥有自己的“农奴骑士”（chevaliers-serfs、serf-knights），侍臣（ministeriales）即严格且专门服从其权威的骑士。因此，绝对封臣（homo ligius、ledichmann）的存在，从来就没有渗透到洛塔林吉亚及其毗邻地区以东。当侍臣开始从别的封君那里接受封土，大量自由骑士加入他们的行列，使得这个阶层的从属地位变得颇不
175 确定时，情况发生了变化。12 世纪下半叶，霍亨斯陶芬家族为了君权的利益，模仿法兰西的做法，试图将绝对封君的概念引入德意志。腓特烈·巴巴罗萨特别想做到的是，帝国的诸侯只臣服于国王，只臣服于他，就像法兰西贵族（pairs）即大领土诸侯的普遍情形。他还想做到的是，诸侯们的封臣向诸侯臣服时，保留对王权的臣服。但这个目标没有达到，所以，在德意志，多重封臣关系能够畅行无阻地走上破坏性的道路。

第二章　封土 177

1. 名词释义

典范时代封土-封臣关系中的财产因素，也如加洛林时期一样：如果将它简化到基本元素，就是一块佃领地。佃领地由封君无偿地授予封臣，以便封臣维持合法生计，并为封臣提供一种手段，为封君提供所要求的役务。

我们所研究的这个时代开始时，如同加洛林时期一样，用来表示佃领地的词汇是恩地（beneficium）。不过，这个词也同样应用于恳请地，一些附带某些卑贱役务的佃领地，以及教会恩地。所以，当我们考察特定情况下这个词的含义时，需要顾及背景。我们最感兴趣的，是该词最常有的，即授给封臣的地产意义上的“恩地”。

在德意志，这一时期及此后很长一段时期，“恩地”是最常用的
专门名词（terminus technicus）。有关封臣“恩地”的众多实例，见 178
于 11 世纪与 12 世纪的作家们的作品，如蒂耶马尔的著作、维坡所写的康拉德二世传记，以及其他作家的作品。[1] 维坡记载，士瓦本

① Thietmar, Ⅰ, 7, Ⅳ, 52, 69, Ⅴ, 3, Ⅵ, 29, pp. 10, 190, 210, 222, 308.

公爵欧内斯特在远征意大利期间曾为国王康拉德二世效力一段时间，康拉德二世想笼络公爵为己所用，于 1026 年授予他一块非常重要的“恩地”：“公爵从国王手中得到了肯普滕修道院作为恩地。”(campidonensem abbatiam…in beneficium accepit a rege)获地者语言中使用的过去分词，说明封臣已得到了恩地。贝托尔德在其编年史中记载，1077 年，亨利四世剥夺了敌手的职位与恩地，将它授给了从他手里已得到恩地的某人。[2] 从康拉德二世到亨利四世，许多王室和帝国特许状都提到了授给封臣的恩地。[3]

同样，在法兰西，10 世纪与 11 世纪上半叶，beneficium 一词也被接受。1102 年，布卢瓦和沙特尔伯爵欧德斯二世——可能借助于富尔贝的羽毛笔——向他的直接封君国王罗贝尔二世抱怨
179 说，国王曾判决他不配拥有“任何恩地”。[4] 1058 年的一个特许状
宣布，安茹伯爵富尔克·内拉分割了蒙特勒沃的地产，然后“以恩地形式分给了封臣们”。[5] 在 1023 年的一份特许状中，马孔伯爵提到，他“得到持有这座庄园作为恩地的封臣的同意”，把苿莉-雷

Wipo, *Gesta Chuonradi imperatoris*, c. Ⅱ, 28, 31, éd. H. Bresslau, Hanovre, 1915, pp. 33, 46, 50.

② “et pariter dignitatibus et beneficiis suis privari, quibus confestim nonnulos suorum beneficiatos ditavit.” Wipo, c. 11, p. 33. Berthold, *Annales*, h. a°, MM. GG., SS. Ⅴ, p. 295.

③ 见 M.G.H., *Diplomata* 第四辑各卷的索引，beneficium 条。

④ “ullum beneficium tenere de te.” *Recueil des historiens des Gaules et de la France*, Ⅹ, p. 501 - 502.

⑤ “et militibus universa per beneficium donaverat.” L. Halphen, *Le comté d' Anjou au* Ⅺ *ᵉ siècle*, Paris, 1906, p. 160, n. 1.

兹-比克西庄园赠予克吕尼修道院。[6] 有时为了避免混淆，人们明确说明他指的是封臣的恩地。如，1005—1006 年国王罗贝尔二世的特许状提到一个教堂与它的捐赠地，捐赠地由一个叫利埃博的人——此人是马孔及博讷的伯爵奥托·威廉的封臣——作为军事恩地部分地获得。[7]

从加洛林王朝末期到卡佩王朝初期，beneficium 一词被经常使用于王室特许状[8]，以及许多私人特许状中；在安茹（包括旺多姆地区）、勃艮第、香槟、沙特尔地区、佛兰德尔、朗格多克、利穆赞、 180
曼恩、诺曼底、奥尔良、加蒂奈、巴黎地区、普瓦图和都兰，都见到了这个词。[9]

这里应该谈谈 beneficialis 这个形容词。1005 年，国王罗贝尔二世说，他将坐落在博讷“堡”“郊区”的一座教堂授予了奥托·威廉。beneficiali dono 就是授予一块恩地。[10]

不过，这一时期还出现了另外一个名词：feodum。它经常以 fevum 的形式出现，有时以 feudum 的形式出现。法语作 fief 或

---

⑥ “unacum consensu suorum fidelium qui predictam potestatem vice beneficii acceperant.”A. Bernard et A. Bruel, *Recueil des chartes de l'abbaye de Cluny*, Ⅲ, 1884, n° 2782.

⑦ G. Chevrier et M. Chaume, *Chartes et documents de Saint-Bénigne e Dijon*, Ⅱ, Dijon, 1943, n° 235, p. 31-33.

⑧ 参见 Chartes et Diplômes pour servir à l'Histoire de France 各卷索引。关于无契约编辑的各朝，我们已经收集了大量资料，主要借助 W. M. Newman (*Catalogue des actes de Robert Ⅱ, roi de France*. Paris, 1937) 及 F. Soechne (*Catalogue des actes d'Henri Ier, rio de France*. Paris, 1907) 草成的编目。

⑨ 这个主张是基于对辑录的特许状的广泛——当然并不完备——的研究。

⑩ Chevrier et Chaume, *Chartes et documents de Saint-Bénigne de Dijon*, Ⅱ, n° 233, pp. 28-30.

fieffe，德语作 Lehen，荷兰语作 leen。

9 世纪末，该词首次以 feos 或 feus 的形式出现于勃艮第南部，表示可移动的贵重物品，且以补语与复数形式使用。使用这个词的特许状都是关涉买卖交易的，买卖价部分地或全部地以实物支付，以 feos 或 feus 标贴其金钱价值。例如 889 年马孔地区的一次土地交易，卖主宣称："我们已经接受你的现款价，正如我们达成
181 的协议，以可移动物品计，价值 21 个索里达。"⑪我们拥有同一地区 9 世纪最后二十五年至 10 世纪最初二十五年的一整套特许状，其中载有同样的句子与名词。⑫ 赋予 feos 或 feus 的含义，可由一个同类的特许状得到确定，在这个特许状中，in feus compreciatus 这个短语被 in re preciata 词组所取代。⑬

学者们对于 feodum 一词的演变做出了解释，这个词开始时意指某种"可移动物"，然后渐次转变成"恩地"，即以役务为回报而领有的地产。我认为，马克・布洛赫所做的假设，可算是对这个词

---

⑪ "accepimus de vobis precium in presente, sicut inter nos convenit, in feus compreciatus valentes solidus ⅩⅪ." Cluny，Ⅰ，1876，no.39.

⑫ *Cluny*，Ⅰ，nos 24（881），36（889），50（893），54（895），68（900），100（908），236（923），243（924）.我们发现这个词见于 Turgovie 私人收藏的一份 792 年的所谓契约书原件中，H. Wartmann，*Urkundenbuch der Abtei Sanct Gallen*，Ⅰ，Zurich，1863，n° 133；但并不排除它是一份 9 世纪末叶的书面协议。该词于 9 世纪下半期出现于意大利王国，P. S. Leicht，*Storia del diritto pubblico italiano*，*Lezaioni*，Milan，1938，p.164。

⑬ *Cluny*，Ⅰ，n° 38（889）.关于自奥弗涅的一个类似资料，载于 A.-M. et M. Baudot，*Grand Cartulaire de Saint-Julien de Brioude. Essai de restitution*，Clermont-Ferrand，1935，n° ⅩⅧ（893；= H. Doniol，*Cartulaire de Brioude*，Paris，1863，n° 18）。关于 10 世纪鲁埃格的类似资料，载 G. Desjardins，*Cartulaire de l' abbaye de Conques en Rouergue*，Paris，1874，nos. 128（908），208（932），113（943），162（965），223（974）。

语的最好解释。[14] 它始自法兰克语组合词 fehu-ôd。其中第一个成分对应于哥特语的 faihu（畜群），意思是家畜（参见德语 Vieh、拉丁语 pecus）——早期人类典型的可移动的财富。第二个元素 ôd 似乎意为“财产”，所以整个组合词的意思是“一件贵重动产”。Feos 与 feus 当然在这个意义上使用过，而且，fehu-ôd 的派生词在语言学上似乎没有任何困难。封君将 feos（feus）授予封臣以维持生活，在圣康坦的杜多的记载中，可以找到有力的例证。[15] 这又 182
产生了第二层意思，即“用来维持封臣生计的东西”，在罗曼语地区，这个词的起源不可考，但在该地区最后的这个意思成为主要含义。所以这个词可以用指可移动的财富，也可以指不能移动的财富。

所以，我们发现，在我们所研究的这些特许状正在起草的同一时期，更南部地区的其他一些特许状已经在 beneficium 的意义上使用 fevum。此类文献中最早的一张特许状出现于 899 年，涉及米格尔的吉耶梅特女伯爵赠给玛格洛娜大教堂的遗产。[16] 这笔遗产包括位于朗格多克东部的圣-安德烈-德-诺威根特的一块自主地。女伯爵禁止将这块地“作为封土授予任何人”（ipsum alodem supranominatum donare per fevum ad ullum hominem），

---

⑭ *Société féodale*, Ⅰ, pp. 254 - 256.

⑮ 见前文，原书第 161 页。

⑯ J. Rouquette et A. Villemagne, *Cartulaire de Maguelone*, Ⅰ, Montpellier, 1912, n° 3. 编辑们提供的这份资料已根据 Departementables de l’Herault 档案馆的契据登记簿核实过（Reg. C., f° 127, v°）。Devic、Vaissete 和负责修订的学者根据一个很不可靠的手稿，修订了他们的作品，发表了卷 Ⅴ，n° 48 的内容，把 per fevum 误读成 per fidem。Sainte-Andre-du-Novigent 位于现在的蒙彼利埃域内。

这个禁令非常类似于那些以相同方式禁止转让恩地的特许状。

这个词语出现于10世纪的朗格多克地区的许多特许状中，其形式为fevum，或者为近于口语的feum、feo，甚或为地道的俗语
183 feuz。这个名词见于禁止性条款（类似刚引用的条款），也见于主要的判决条款——在这些条款中，它涉及先前或现在授予一位高等级之人的封土。譬如，972年前后，图卢兹的女伯爵加辛达的遗嘱几处提到："维哈里亚的罗斯达努持有的封土，包括牧场、林地和封君自领地，我现在将它授给伯纳德的儿子艾玛尔和伯纳尔……至于伊萨恩子爵持有的封土，他（伊萨恩）可继续持有，直至终老。"⑰11世纪上半期，文献数量更多，所以可以肯定地说，在这一时期的朗格多克，fevum的使用较beneficium更普遍。

这个词语还出现在法兰西其他地方，如在勃艮第，这个词见于文献，意义与beneficium相同，虽然并未取而代之。Fevum见于
184 利穆赞，可能也见于贝里地区，在普瓦图，其形式作fedum。安茹（包括旺多姆地区）可能是法兰西卢瓦尔河以北唯一有此现象的地

⑰ "Illum fevum quem tenuit Rostagnus de Veharea, pratos et boscos et condaminas… dono Aymardo et Bernardo, filiis Bernardi… et illum fevum quem tenet Isarnus vicecomes, teneat ipse Isarnus dum vivit…" Devic et Vaissete, *op. cit.*, éd. Privat（此后该注作HGL），Ⅴ. n° 126. 10世纪的其他文献：G. Desjardins, *Cartulaire de l'abbaye de Conques*, n° 262 (916); Migne, *Patrologia latina*, CXXXII, col. 469 – 470 (923 – 935); E. Germer-Durand, *Cartulaire du chapitre cathédral de Notre-Dame de Nîmes*, 1874, n° 44 (943); HGL., Ⅴ, n°s 100 (956), 106 (v. 959), 111 (961); *Conques*, n° 340 (961); HGL., Ⅴ, n° 122 (972); P. Alaus, L. Cassan, E. Meynial, *Cartulaire de Gellone*, Montpellier, 1898, n° 174 (v. 984); *Gallia Christiana*, XXII, *Instr. eccl. Tolosanae*, col. 6 (985); HGL., Ⅴ. n°s 143 (987), 150 (990); *Conques*, n° 294 (v. 990 – 996); HGL., Ⅴ. n° 155 (997); *Conques*, n° 480 (Xe s.)。

区：fevum 以恩地的含义大量见诸 11 世纪上半叶的私人特许状。1006—1040 年，旺多姆的于贝尔子爵向他的封君安茹伯爵富尔克·内拉割让了梅兹（曼因-卢瓦尔省）的“庄园”和教堂，这些地产是他从伯爵手里作为封土*得到的，伯爵希望将这些地产并入其辖下。[18] 但是，在此一时期，无论是 fevum 还是 feodum，似乎都没有见诸诺曼底[19]、布列塔尼、香槟、佛兰德尔和巴黎地区，[20]而且，这些词汇也不见于腓力一世统治末年之前的王室特许状中。[21]

在 11 世纪初的德意志西部，feodum 只是零星出现，但它并不 185
是专指封臣的佃领地，并且在亨利四世统治末期之前，这个词也没有被起草公文者用于王家或帝国特许状中。[22]

* 法文 en fief，对应于拉丁文 fevo，英译本作 in chief，显系笔误。今改正。——中译者

⑱ “dominicatum：Curtem et ecclesiam Maziaci Hubertus Vindocinensium vicecomes Fulconi comiti，de cuius tenuerat fevo... guerpivit.” C. Metais，*Cartulaire de la Trinite de Vendome*，Ⅰ，Paris，1893，n°44.

⑲ 除了 R. Carabie，*La propriete fonciere dans l'ancien droit normand*，Cean，1943，p.248，n.2 引用的一份 1035—1087 年的资料。在 1011 年伊夫里伯爵拉乌尔的契约——诺曼底侯爵理查二世签字——上，feodum 一词仅出现在 12 世纪的一份抄本上，见 M. Fauroux，*Recueil des actes des ducs de Normandie de 911 à 1066*，Caen，1961，n° 13，p.89。

⑳ J. Tardif，*Monuments historique. Cartons des Rois*，Paris，1886 的 n° 247（1006）是 11 世纪末伪造的文件（J. Favier，*La fabrication d'un faux à Saint-Maur-des-Fossés vers la fin du* Ⅺ*e siècle*；Bibliothèque de l'école des Chartes，1961）。

㉑ 1108 年罗贝尔二世给予圣德尼修道院的特许状（Tardif，n° 249 = *Recueil des historiens des Gaules et de la France*，Ⅹ，pp.592 - 594；n° 120 du Catalogue de Newman）是大约 1101 年的伪造（L. Levillain，*Études sur l'abbaye de Saint-Denis à l'époque mérovingienne*，Ⅲ，Bibliohèque de l'école des Chartes，t.87，1926，pp.90 - 94）。

㉒ Waitz，*op. cit.*，vi，2e éd. revue par Seeliger，p.132. 我们没有对亨利四世统治时期王室和帝国特许状进行系统的研究。

在11世纪下半叶的法兰西，这个词被广泛使用。在洛塔林吉亚也被广泛使用，虽然还没有被当作专门名词接受；1087年埃诺地方的一份特许状提到“俗语中被称作封土的一块恩地”。[23]

在一些地方，feodum、fief、fieffe这些名词，除了纯粹的专门意义，还在更广泛的意义上使用。在诺曼底、布列塔尼、吉耶讷、加斯科尼、图卢兹地区、哥提亚、巴塞罗那伯爵领、比利牛斯山各伯爵领，这些词被用来描述任何形式的佃领地，为了避免混乱，封臣佃领地越来越普遍地被称作feodum militis或feodum militum，即
186 “骑士封土”。[24]“骑士封土”这个短语也用于洛塔林吉亚和德意志的其他一些地方，以区分真正的封土和授予某类仆人的佃领地。比如，圣特朗修道院的编年史记载，1108—1136年，负责给修士们放血治疗、给修道院院长提供马鞍和马刺、为修道院修补窗户、从事其他小役务的仆人，要求像持有自由骑士的封土（pro libero military feodo）一样，持有他们以从事的役务而持有的佃领地，但没有获得成功。[25] 在英格兰，诺曼征服后被当成专门名词使用的feudum，很早被引申开来，表示任何形式的可继承的自由佃领地；

---

[23] “beneficium quod vulgo dicitur feodum.” C. Duvivier, *Actes et documents ancient interessant la Belgique*, ii, Brussels, 1903, n° 6, p.18.参照1036—1043年韦芝杜瓦伯爵欧德斯的一份特许状中的 *loco beneficii sub nomine fedii* (F. Vercauteren, *Note sur un texts du cartulaire d' Hombliere*s, 载Recueil... offert a M.C. Brunel, Paris, 1955, p.655, n.1)。此注仅见于此处所引的契约段落，乃不久前为人所窜改。

[24] M. Fauroux, *Recueil des actes des ducs de Normandie*, n° 208, a^is 1055－1066, p.397.

[25] “terram... quae debet servire fratribus ad omnem minutionem sanguinis.” *Gesta abbatum Trudonensium*, Ⅸ.12, éd. R. Koepke, MM. GG., SS. Ⅹ, p.284 ou éd. C. de Borman, *Chronique de l' abbaye de Saint-Trond*, Ⅰ, Liège, 1877, pp.151－152.

所以，封臣以完成骑士役务（per militare servitium）得到佃领地时，就需要加以进一步说明；12—13 世纪，以“骑士封土”（feudum militis）表示封臣佃领地，越来越成为一种习惯。

有时候，无论在英格兰还是欧洲大陆，都使用一些迂回说法，而不是这些专门名词；譬如，将一块持有地说成是“以封臣法得到的”（iure militari）或“以封土法得到的”（iure feodario），或将地产本身称作“封授之地”（terra feodalis）。[26]

至少从 11 世纪末，动词 feodare 或 fevare 被用来表示封土的 187
封授，被动式过去分词 feodatus、fevatus 的使用特别频繁。例如，1069—1070 年，于格·德罗科与埃尔韦·德布雷维亚尔就争议地产达成的协议，确认被授予封地的封臣所承担的役务是争议中的捐赠土地的主题（servitium militum de rebus ipsis quas Hugo tune donabat nobis fevatorum）。一个著名的实例是，叙热记载，国王路易六世于 1124 年德意志人入侵时，夺取了圣德尼修道院的军旗，即韦克辛伯爵领的旗帜，韦克辛伯爵作为修道院的封臣被授予封地。[27]

除了 beneficium 和 feudum-feodum 外，人们还使用其他的词汇来表示封土，特别是一些表示佃领地概念的普通词汇。譬如，

[26] Duvivier, *Hainaut ancien*, Ⅱ, n° 105, p.512 (a^{is} 1114－1115)；1216 年与 1251 年埃诺地区的未出版的资料，见 Didier, *Droit des fiefs*, p.7, n.41 et p.2, n.5。

[27] “*vexillum ab altari suscipiens, quod de comitatu Vilcassini, quo ad ecclesiam feodatus est, spectat, votive tanquam a domino suo suscipiens.*” Prou, *Recueil des actes de Philippe Ⅰ*, n° 50, Suger, *Vie de Louis Ⅵ le Gros*, c.28, éd. H. Waquet, p.220.

在加洛林时代已为人所知的 casamentum[28]，还有 tenementum、tenura，尤其是 liberum tenementum。最后这个词语广泛见诸
188 12—13 世纪的英格兰。在这些情况下，契约内容需要说清楚，这些词用指封臣佃领地(pro subjecta material)例如，在英国的文件中，liberum tenementum(自由佃领地)被特别地与“骑士役务”(servitium militis)联系起来。

1157 年，皇帝腓特烈·巴巴罗萨在勃艮第的贝桑松召开御前会议，这次会议中发生的著名事件，清晰地说明了德意志法律词汇的拟古主义特征。在这次会议上，腓特烈接待了教皇阿德里安四世的使节，使节带来了教皇的信件，教皇在信中对德意志皇帝做出各种指责，提醒皇帝注意，是教皇为他加冕称帝，并宣布愿意授予皇帝更多的 maiora beneficia(重大恩惠)。情况很可能是，beneficium 一词的德文用法在罗马为人所周知，也许表达某种模糊意义，但这个词语的官方意义是没有争议的。教皇法庭使用 beneficium 这个词时，只表达与现代 benefit(恩惠)同样的意义，而不是别的意义。然而，帝国大法官、未来的科隆主教达瑟尔的雷纳德翻译该词时，毫无疑问(可能是故意地)使用了德语的 Lehen——该词在当时的德语中的对应词是 beneficium(恩地)，而不是意为 benefit(恩惠)的 Wohltat。如此，教皇的话就蕴含一层意思：皇帝的职位乃是来自教皇的封土，而且教皇使节使用的一些词句似乎强化了这种印象。这种情况直接引起了德意志诸侯的愤怒。如果

---

[28] 如，沙特尔的富尔贝写给阿奎丹的威廉的信件，见前文，原书第 143 页注 32。1088 年勃艮第习俗的极佳例证，见 Chevrier et Chaume, *Chartes et Documents de Saint-Bénigne de Dijon*, Ⅱ, nº 367。

不是皇帝及时制止，其中的一位诸侯，帕拉丁伯爵维特尔斯巴赫的
奥托，可能早已手刃教皇使节、红衣主教罗兰·班迪内利。[29] 189

2. 封土的内容

封土通常包括一块地产，大小可能千差万别，从巨大领土到几
杆土地不等。有时也可能是一座不附带土地的城堡，譬如，在埃
诺，12 世纪下半叶每个城堡都被视为伯爵的封土，甚至城堡建立
在其他封君的封土之上或自主地之上，也是如此。[30] 封土也可以
是某种形式的公共权力机构，或一种职务或权利。法兰西的地方
诸侯，即那些僭取了加洛林时代王室官职的后继者，已经以封土形
式从国王那里持有职位，这种封土后来被称作职位封土（fiefs de
dignite）。在德意志，公爵的职位，以及众多侯爵、伯爵和帝国主
教（Reichsbischöfe）的职位，也是职位封土。12 世纪下半期，腓特
烈·巴巴罗萨试图在封土-封臣基础上重建国家政权时，帝国的诸 190
侯们（Reichsfürsten）——这个等级包括大多数的主教、一些修道
院院长、公爵、大多数侯爵和少数伯爵——从皇帝那里直接领有职
位作为封土；一些不属于帝国诸侯阶层的侯爵和伯爵，从皇帝那里
间接获得职位作为封土之封土（arrière-fiefs）。这些职位在性质
上是高级职位，在起源上一直具有公共性；除此之外，还有无数的
职务与职权被当作封土，如征收通行税和设摊捐之职权，铸币权和

[29] Otton de Freising, *Gesta Friderici*, continuation de Rahewin, Ⅲ, c.9, 10, 11 et 17; éd. Waitz et von Simson, pp.174－179, 187－189.

[30] Gislebert de Mons, *Chronique*, c.43, éd. Vanderkindere, p.75.

司法权，担负城堡主、诉讼代理人、市长、教堂主监、收税员之职权，等等，或一大堆通常怪诞的权力与收入来源——人们称之为“风俗”（consuetudines）。1030 年国王罗贝尔二世在一个特许状中宣布一些与安托尼有关的古老风俗（antiquas consuetudines），安托尼是他的封臣加林（a quodam milite nostro vuarino nomine）从他手里得到的封土（quas de nobis in beneficio habebat），[31]等等。

在所有这些情况中，即使封土本身不是地产，通常也无不基于领土，至少无不基于地点。比如，法兰西国王把佛兰德尔伯爵领当作封土封授出去；德意志国王也把布拉班特公爵领当作封土封授出去；佛兰德尔伯爵则把布鲁日堡领作为封土封授出去；一个修道院可以将一组特别地产的代理权作为封土封授出去；一个人持有一个特定的庄园作为封土，也可以领有某个特定地方或某座特定桥梁的通行税、某个村庄的管理权，或某个地方的遗产没收权作为封土。

封土也可以没有领土或地域基础，可以是一种收入，即定期征
191 收某些费用的权利；这种封土从 13 世纪被称为“年金”（rente）。这种封土被称作“金钱封土”（拉丁语作 feodum de bursa，法语作 fief de bourse，德语作 Kummerlehen）。研究法兰西封土法的一些作者有时使用“收入封土”这一说法[32]，一些现代学者则更喜欢采用“年金封土”（fief-rente）的表述。从 11 世纪起，这种封土惯

[31] Poupardin, *Chartes de Saint-Germain-des-Prés*, Ⅰ, n° 51, pp. 80 – 82（接受 Newman, *Catalogue*, n° 84 断定的日期）。

[32] François Ragueau et Eusèbe de Laurière, *Glossaire du droit français*, Paris, 1704, sub v°.

制就存在于洛塔林吉亚及德意志的其他部分、法兰西，尤其是佛兰德尔。在佛兰德尔，最早的例子是在 1087 年，当时圣伯丁修道院院长宣布，阿努尔夫和格波多兄弟“已成为我们的封臣，在每年指定的日子即米迦勒节，每人获得两马克金钱充作封土”。[33] 但是，真正大规模地、系统地使用这种金钱封土的，是诺曼王朝和安茹王朝统治下的英格兰君主。最早且人们所知甚详的一个实例，是佛兰德尔伯爵所获得的金钱封土。1101 年，佛兰德尔伯爵罗伯特二世与英王亨利一世订立协议，每年获得 500 镑作为封土(propter praedictas conventiones et praedictum servitium dabit rex Henricus comiti R. unoquoque anno CCCCC libra anglorum denariorum in feodo)。12—13 世纪，英格兰君主采取这种办法把法兰西、德意志，特别是佛兰德尔及洛塔林吉亚的许多大大小小的贵族变为自己的封臣。据我们所知，法兰西第一位封授金钱封土的国王是路易七世，时间在 1155—1156 年[34]，他的继承者们，从他们的财政条件允许的时候，即从腓力·奥古斯都统治时期开始，就有条不紊地实行同样的政策。 192

金钱封土可能有不同形式。它可能是给予封臣一笔钱，封臣用这笔钱去获得可以带来固定收入的一块土地或一个职位。比

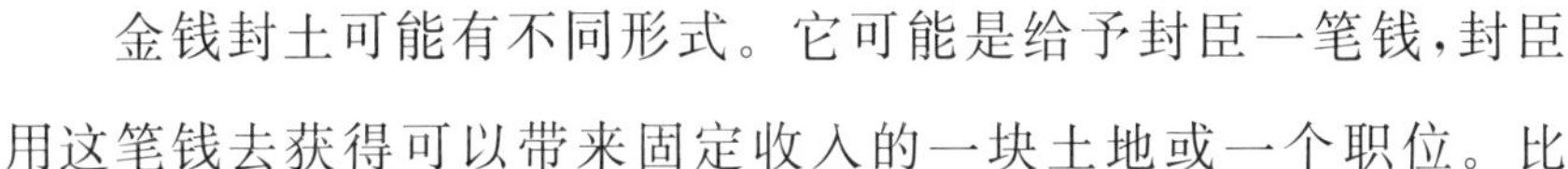

[33] “homines nostri manibus effecti quatuor marchas argenti, unusquisque videlicet duas, et hoc constituto tempore, id est in festivitate Sancti Micaelis, in benefitium singulis annis recipient.” B. Guerard, Cartulaire de Saint-Bertin (Paris, 1841), pp. 202－3；参阅 D. Haigneré, *Les chartes de Saint-Bertin*, Ⅰ, Saint-Omer, 1886, n° 85, p.33。格波多是圣伯丁的辩护人，也做过几年的切斯特伯爵，追随征服者威廉到英国。

[34] 1101 年的协议，c.18；见上文，原书第 150 页及注 47；A. Luchaire, *Étude sur les actes de Louis* Ⅶ, Paris, 1885, P.J. n° 353；1155－1156。

如，理查·德奥尔克是埃诺伯爵鲍德温五世的封臣，鲍德温给他200英镑去购买某块“绝对封土”（200 libras… ut in feodum ligium eas converteret）。封土也可以是来自具体资源的收入，比如，这位鲍德温五世曾赏赐讷维尔的鲍德温一份封土，这份封土是来自莫伯日造酒业的30镑年金（unde ei winagio Melbodiensi 30 li-
193 bras annuatim assignavit）。但在大多数情况下，金钱封土并不固定于一种特定的收入来源；付款只是来自封君的财库。君主封赐诸侯或外国贵族的金钱封土大多如此，如12世纪英格兰国王每年赏赐埃诺伯爵鲍德温四世和鲍德温五世100马克的年金为封土。[35]

法兰西的封土法学家有时会把所有非实体性的封土统一命名为fiefs en l'air（空头封土），但这个表述易引起混乱，从来没有被普遍接受。[36]

10—11世纪，重要的世俗封臣通常都持有教堂——堂区教堂、礼拜堂——作为封土。这使他们获得了来自教会领地、捐赠物，乃至教职本身带来的收益（如什一税、信徒的捐献及奉祭品）。那些宗教性收入，特别是什一税，确实是人们最渴望得到的封土。几乎所有君主和诸侯以及那些较小的封君，如果能够做到，就会授

[35] “ei super 100 marchis sterlingorum magno pondo annuatim habendis hominium fecit… sicut ejus pater ab ipso rege et ab ejus avunculo Henrico rege Anglie infeodatus fuerat.” Gislebert de Mons, *Chronique*, c. 115 et 69, éd. Vanderkindere, p. 175 et 109.

[36] Brussels, *Nouvel examen de l'usage general des fiefs en France*, Ⅰ, Paris, 1727, p. 397.

予封臣以教堂或宗教性收入作为封土。在私人特许状中，人们经 194
常能够看到这样的条款。譬如，1033 年，布卢瓦和沙特尔伯爵厄德二世将布卢瓦地区的舒济教堂归还马尔穆捷修道院："阿兰，布列塔尼最显要的伯爵，与其兄弟厄德——他从我这里领有上述教堂作为恩地——都赞成之，以便获得永恒的补偿。"[37]

11 世纪晚期格里高利改革运动的一个目标，就是废除这种封土封授方式，改革虽未能彻底消灭之，但在各国不同程度地阻止和限制了它的发展。12 世纪初，我们经常看到，或因为公开的冲突，或经过双方的协议，这种封土得到处理。1114 年，在特鲁瓦主教的干预下，蒙蒂兰德修道院重新收回塞夫德教堂（上马恩省）——契约记载，这个教堂曾被特鲁瓦主教的一位前任主教侵占（violentia cujusdam mei predecessoris injuste sibi ablatum）——并将它作为封土授予布里埃纳伯爵，而伯爵又将它作为封土授予其封臣恩格尔贝尔。这份特许状还记录，布里埃纳伯爵同时归还了半个索默瓦尔教堂（上马恩省），这个教堂是伯爵从主教那里得到作为封土的，以相同的方式从蒙蒂兰德修道院侵夺得来。若干年之
后，1128 年，佛兰德尔伯爵威廉・克利托向努瓦永-图尔奈修道院 195
归还了佛兰德尔地区的 12 座堂区教堂，这 12 座堂区教堂曾由努瓦永-图尔奈的一位主教作为封土授予鲍德温四世（死于 1035 年）。根据这个交易更早时期的可靠记录，"佛兰德尔的权贵们（即伯爵的主要封臣们）请求伯爵授予恩地，他们得到恩地后，又将之

---

[37] "Alanus, Britannorum comes clarissimus et Eudo, frater eius qui de me praedictam ecclesiam in beneficio tenebant, pro lucro aeternae hereditatis consenserunt." *Gallia Christiana*, XIV, Instrument. eccl. Turonensis, n° 48, col. 68.

授予自己的封臣做封土”(optimates Flandrenses a comite petierunt ea sibi condcedi in beneficium. Que accepta，optimates militibus sibi servientibus rursus in feodum distribuerunt)。所以，这些教堂曾是连续三次封授的目标。威廉伯爵之死使归还变得不可能，直到12世纪中期，努瓦永-图尔奈修道院还没有收回它的堂区教堂，尽管其中一些教堂最终被收回。[38] 诸侯和世俗封君把持时间最长的宗教性收入，要算 decimae novalium，即对新开发土地征收的什一税。晚至13世纪，在乌得勒支教区，盖尔德伯爵和荷兰伯爵在他们各自的伯爵领内，仍然将这些什一税当作教会封土持有。[39]

196 3. 封土的不同类型

许多封土可以标之以专门名称，如“绝对封土”、“平坦的封土”或“宽敞的封土”，这些封土对应于前文所述的各种臣服。[40] 还有一些封土称作“荣誉地”(honor)。我们看到，这个词在加洛林时代表示公共职位和世俗修道院院长职位，这些职位带有恩地作为

---

[38] C. Lalore，*Cartulaire de l' abbaye de la Chapelle-aux-Planches. Chartes de Montiérender*，etc.，Paris，1878，n° 60，p. 189 et 190；Galbert de Bruges，*Histoire du meurtre de Charles le Bon*，c. 107，p. 154；*Historiae Tornacenses*，Ⅲ，9，éd. G. Waitz，MM. GG.，SS. XIV，p. 338.

[39] L. A. J. W. Sloet，*Oorkondenboek der graafschappen Gelre en Zutfen*，La Haye，Ⅰ，1872－1876，n° 435，p. 443（a^is 1213－1216）；L. P. C. van den Bergh，*Oorkondenboek van Holland en Zeeland*，Ⅱ，Amsterdam et la Haye，1873，n° 431，p. 192（a° 1281）.

[40] 见前文，原书第172—175页。

年俸。这个传统在德意志保存下来。在10—12世纪的德意志，“荣誉地”一词仅指恩地形式的公共职位，而非其他的封土。维杜金和蒂特马尔一直在这个意义上使用该词。维坡记载皇帝康拉德二世于1027年宽恕其堂兄弟康拉德，归还其“荣誉地”（honorem suum sibi restituit）时，指的是他在法兰克尼亚的伯爵领。在该世纪末，赫斯费尔德的兰伯特提及卡林西亚公爵的公共荣誉职务（honores publicos）时，他用这个短语表示他的公爵职位及其公爵领。康布雷的修士于12世纪第二个二十五年编撰了卡托-康布雷齐的圣安德烈修道院的编年史，此时他仍像一个标准的洛塔林吉亚人一样，忠于这种用法，用这个名词指称佛兰德尔伯爵领，尽管此时这个伯爵领不在德意志境内；他提到，弗里西亚的罗伯特在发动政变之前，抱怨自己“已经被完全排除在佛兰德尔伯爵领的管
理权之外”（se... omni honore Flandriae exclusum esse）。更有趣 197
的是，我们发现，12世纪末埃诺伯爵领的前任首席法官、蒙斯的吉尔贝尔，记载里希尔达女伯爵于1071年将她的自主地卖给列日主教迪奥都因时，这样写道：“这块自主地使这样一个职位熠熠生辉。”㊶

法兰西的情况有些差别。在10—11世纪朗格多克的特许状中，似乎存在这种观念，即“荣誉地”表示某个公共或私人职位的年

㊶ “tanta allodia tanto honore insignita.” Widukind，Ⅱ，13，25，p.78，88，Ⅲ，21，32，50，p.115，118，129；Thietmar，Ⅰ，1，p.5，Ⅱ，14，26，p.54，70，Ⅳ，39，p.176，Ⅴ，21，p.245；Wipo，*Gesta Chuonradi imperatoris*，c.21，éd. H. Bresslau，Hanovre，1915，p.41；*Lamperti Hersfeldensis Annales*，a° 1073，éd. O. Holder-Egger，Hanovre，1894，p.153；*Chronicon S. Andreae Castri Cameracensis*，Ⅱ，33，éd. L.-C. Bethmann，MM. GG.，SS. Ⅶ，p.537；Gislebert，*Chronique*，c.8，p.11.

俸，并被普遍当作封土持有，但在12—13世纪，这个词被用来表示任何记录中的领地，甚至是自主领地。在11世纪的法兰西西部，这个词有时指以恩地形式领有的伯爵领。[42] 但是，作为普遍规则，这个词在法兰西文献中不过是封土（feudum）的同义词。它经常被用指一些重要的封土，但不一定用于职位封土（fiefs de dignite），即子爵、伯爵和公爵等爵衔持有者的封土。

198 在英格兰，诺曼征服以后，尤其是12—13世纪，“荣誉地”一词的含义相当特别，它指的是大的封土综合体，这种封土综合体被永久地结合成一个单独的贵族领地，由王国内的高级男爵即国王的总佃臣领有，承载着对国王履行的特别重要的军事义务。这个词在英格兰从来不只是fief的同义词。瓦斯* 于1160年前后写作了《鲁的传奇》（Roman de Rou），其中记述了征服之人威廉对追随他远征之人的慷慨奖励，值得注意的是，他区分了许诺给陪臣的金钱封土与保留给男爵的“荣誉地”。[43]

在罗讷河东西两岸、朗格多克，以及比利牛斯山和加龙河之间的地区，我们发现12世纪有一种特定类型的、享有异常特权的封

---

[42] 关于朗格多克地区的捐赠，如参见 Brunel, *op. cit.*, n° 1（= Devic et Vaissete, *op. cit.*, éd. Privat, Ⅴ, n° 201, vers 1034）；关于庄园，参见 Higounet, *op. cit.*, P.J.；n°s 3 et 5, a^is 1199 et 1261；C. Douais, *Cartulaire de l'abbaye de Saint-Sernin de Toulouse*, Paris, 1887, n° 260, a° 1128；Germain, *op. cit.*, nos 231 et 556, a^is 1139 et 1187。关于1050年稍后的法兰西西部，见 Métais, *Cartulaire de la Trinité de Vendôme*, Ⅰ, n° 6。

* 瓦斯（Wace，约1100—1174年），盎格鲁-诺曼语作家，《鲁的传奇》是他的两部诗体编年史之一，另一部《布鲁特传奇》是奉英王亨利二世之命而作。——中译者

[43] “Rentes promist a vavasors, E as barons promist enors.” *Roman de Rou*, Ⅲ, v. 6371 - 6372, éd. Andresen, Heilbronn, 1879, Ⅱ, p. 282.

建佃领地，叫作“自由封土”（feudum liberum、feudum francium，feudum honoratum，法语作 franc fief）。1181 年，一个封臣宣称将“根据自由封土的规则和习惯”（serviemus iamdictum feudum secundum consuetudinem et recionem feudi honorati ）完成一份来自特定封土的役务时，他知道自己所说的意思是时人非常清楚的，人们普遍承认的。拥有“自由封土”的封臣，一般说来，所履行的义务不是其他，而是对封君保持忠诚，将其城堡——如果封土附带城堡的话——交给封君处置。1168 年蒙彼利埃的封君威廉七 199
世授予封臣皮埃尔·德·索泰拉尔盖一份收回的“自由封土”，他提出的条件当然适合于许多乃至大部分“自由封土”：“除了效忠于我，你没有其他任何义务。”（et aliud servicium… non teneris facere sed fidlis simper esse michi debes）如果确实需要履行实际的军事义务，也是基于严格的条件，比如，由封臣把他的城堡交给封君处置，或者帮助他对抗一个特定的敌人。[44] 对役务做出惊人限制或役务被完全取消，这种情况似乎可以解释为，选定封土——特别是封土为“收回封土”——或改变其特点时，封臣有可能迫使困窘的封君接受自己的条件。无论如何，除了极少例外，“自由封土”现象仅见于法兰西南部和勃艮第-阿尔勒王国。

还有一类封土叫“锁子甲封土”（fief de haubert，feodum lor-

㊹ 引用的两个实例，见 L. Cassan et E. Meynial，*Cartulaire de l' abbaye d' Aniane*，Montpellier，1900，n° 23，a^{o} 1181；Germain，*op. cit.*，n° 312 et 313，a^{o} 1168. Service：Languedoc oriental，*ibid.*，n° 556，a^{o} 1187；Dauphiné，Ⅴ. Chevalier；*op. cit.*，n°s 9 et 29，a^{is} 1168，1220；Forez，G. Guichard，Comte de Neufbourg，E. Perroy，J. E. Dufour，*Chartes de Forez*，Ⅱ，Mâcon，1934，n° 303－304，a^{o} 1180。见前文，原书第 137、157 页。

icae)，这种称呼来自一种长铠甲外套(锁子甲)，从 11 世纪晚期到 13 世纪，这种铠甲外套是骑士的主要防护性装备。在法兰西境内使用“锁子甲封土”这一名称的地方，特别是诺曼底地区，它指的是这样一种封土：领有这种封土的封臣，需要全副武装，包括这样一副锁子甲，去履行义务。而在英格兰，它似乎就是“骑士封土”的同
200 义词；这种更宽泛的用法有时也见于法兰西一些地区。在德意志，也有被称为“城堡封土”(beneficium castrense 或 beneficium castellanum，德语作 Burglehen)的封土，领有这种封土的骑士要在封君城堡内从事护城役务。

vavassoria、feodum vavassoris 或 terra vavassoris，即陪臣封土或陪臣领地，这些名称在语义上是游移不定的，vavassour(陪臣)名称本身也是游移不定的。我们知道，陪臣一词在早期指的是封臣之封臣(arrière-vassal、sub-vassal)，通常是指社会等级较低的封臣：在意大利北部，指的是国王的封臣之封臣；在法兰西大部分地区，指的是仅以有限的装备履行义务的封臣；在诺曼底和诺曼征服后的英格兰，则指的是一个服军役的自由人，或许不一定是封臣。甚至在 12 世纪的英格兰，vavasoria 一词通常所指的，不过是一个中级骑士的小块封土。

所以，不能认为 vavassoria 一词必定表示我们所理解的那种意义上的封土，即作为封臣的年俸的一块佃领地，至少在诺曼底是如此，在英格兰更是如此。“管家地产”(英文 serjeanty、拉丁文 serjanteria、法文 sergenterie、德文 Dienstlehen)一词也是如此，虽然这些词在文献中常被称作封土，但无疑经历了一个过程，在这一

过程中，模仿的习惯、拔高社会地位的愿望，都发挥了作用；事实上，它们最初是用来为庄园及家内仆役、“农奴骑士”（servientes、 201
ministeriales）等维持生计的佃领地。但毫无疑问的是，12 世纪时，法兰西的许多“管家地产”必定被视为真正的封土，事实上已经变成了真正的封土。英格兰也是同样的情况，但英格兰的“管家地产”（per serjenteriam）被认为低于真正的骑士封土。在德意志，“侍臣”（ministeriales）的封土（Dienstlehen）习俗大概也是相同的，虽然 13 世纪早期《萨克森法鉴》（*Sachsenspiegel*）仍然拒绝把它们视为真正的封土（echte Lehen）。[45] 对当时的大多数人而言，这些“侍臣地产”确实是较低范畴的封土，但它们肯定是封土。在 12—13 世纪大部分人看来——封土法学者也许除外——最主要的衡量标准是，这些佃领地是否授予骑士一样生活的人，起码涉及是否支付货币租金。

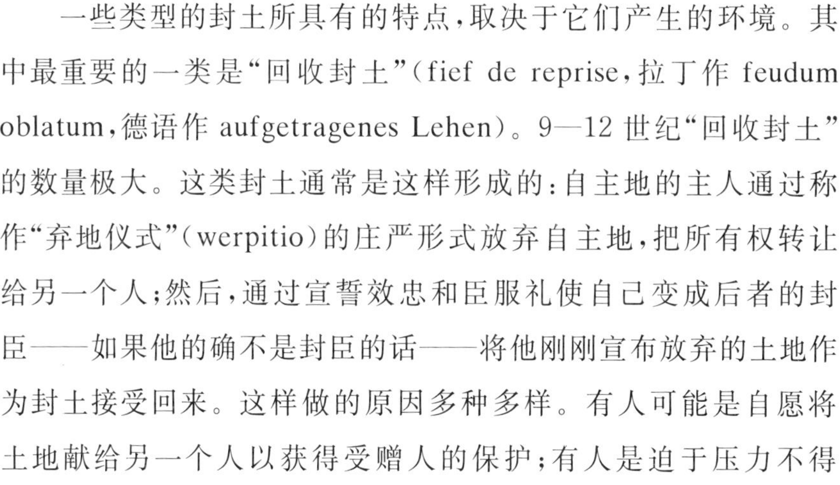

一些类型的封土所具有的特点，取决于它们产生的环境。其中最重要的一类是“回收封土”（fief de reprise，拉丁作 feudum oblatum，德语作 aufgetragenes Lehen）。9—12 世纪“回收封土”的数量极大。这类封土通常是这样形成的：自主地的主人通过称作“弃地仪式”（werpitio）的庄严形式放弃自主地，把所有权转让给另一个人；然后，通过宣誓效忠和臣服礼使自己变成后者的封
臣——如果他的确不是封臣的话——将他刚刚宣布放弃的土地作 202
为封土接受回来。这样做的原因多种多样。有人可能是自愿将土地献给另一个人以获得受赠人的保护；有人是迫于压力不得

㊺ *Lehnrecht* 63, 1, éd. K.-A. Eckhardt², pp. 81 - 82.

不放弃其自主地；也有人同意把土地卖出，条件是将它作为封土接受回来。最后这种类型的交易，极好的实例是1071年诸事件：弗里西亚人罗伯特僭取佛兰德尔伯爵领，影响埃诺伯爵领地位。佛兰德尔及埃诺的女伯爵里希尔达，是已故伯爵鲍德温六世的遗孀，是埃诺伯爵阿努尔夫三世（他已在纠纷中被杀）、年轻的埃诺伯爵鲍德温二世的母亲。鲍德温二世要求继承佛兰德尔王位。里希尔达“将她在埃诺境内的全部自主地卖给列日主教，以便筹措的金钱招募雇佣军来抗击罗伯特。列日主教迪奥都因愉快地接受这些使职位熠熠生辉的著名自主地，将这些自主地授予里希尔达与其子鲍德温，作为从他那里得到的绝对封土持有之，并付给他们一笔巨款”。稍晚些时候甚至约定：“如果伯爵获得埃诺伯爵领内的某块自主地，也应作为取自列日主教的封土，与他的其他封
203 土一并持有之。”这样，伯爵的自主地产经他本人同意全部变成“回收封土”。[46] 另一个有趣的例子，是洛兹伯爵的自主地，这些自主地于1203年由他变成了取自列日主教的“回收封土”，而他自1190年以前就从列日主教那里得到了作为封土的伯爵职位（comitatus）。列日主教皮埃尔蓬的于格记载各事件如下：“众人应知道，我们的绝对封臣洛兹伯爵路易知道我们对他颇怀善意，遂将蒙

[46] “allodia sua omnia in Hanonia sita episcopo Leodiensi... danda obtulit, ut... accepta ab eo pecunia, stipendiarios... contra... Robertum conduceret. Theaduinus autem episcopus... tanta allodia tanto honore insignita gratanter suscepit, que quidem ipsi Richeldi et ejus filio Balduino in feodo ligio tenenda concessit, maximamque pecuniam proinde eis tribuit.” “si aliquod allodium intra terminos sui comitatus... sibi in proprietatem acquisierit ipse statim ea ab episcopo Leodiensi cum alio feodo suo tenet.” Gislebert, *Chroniques*, c.8, p.11, c.9, p.14.

特纳肯城堡及附属土地交给我们的教会，同样交给我们的还有：布鲁斯特姆城堡及附属土地，哈瑟尔特的自主地及其扼守此地的要塞与所有附属地，还有特森德尔洛的整个自主地、吕门的自主地及城堡；伯爵把所有这些交给我们，然后又从我们这里作为封土接受之。”[47]最后这个例证取自11世纪文学名著《罗兰之歌》，马尔西勒 204
向查理曼所做——经加尼隆翻译——的建议是：

> 马尔希勒提议，合起双手行臣服礼，在您的恩赐下持有西班牙。[48]*

如果这个建议被接受，那么西班牙将变成一块封土法学家所谓的“回收封土”。

与“回收封土”产生过程（德文 Lehensauftragung）密切相关的，是一种习惯。按照这种习惯，一个封臣将其封土交付其封君，

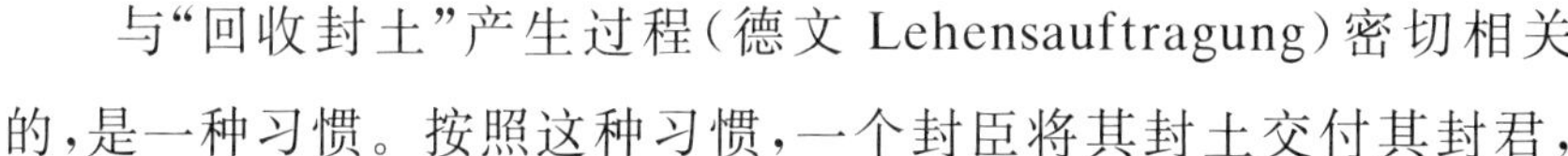

[47] “Notum sit... quod Lodowicus, comes de Los... quia et nos cuius erat ipse homo legius... propitios... senserat, ecclesie nostre contradidit castrum de Montegni cum omni territorio... similiter et castrum de Brusteime cum omni territorio suo... et allodium etiam de Halud cum munitione eius cum omni etiam territorio suo... et totum allodium de Tessendrelos... et allodium et castrum de Luman... ipse comes in manus nostras reportavit ; et hec omnia supradicta in feodum recepit a nobis.” E. Poncelet, *Actes des princes-évêques de Liège. Hugues de Pierrepont*, Bruxelles, 1946, n°11, p. 10－11.

[48] Quant ço vos mandet li reis Marsilium
Qu'il devendrat jointes ses mains tis hom
Et tute Espaigne tendrat par vostre dun.
Verses 222－4. 据牛津手稿出版、由 J. Bedier 翻译（Paris, 1922）, p. 18。

* 查理曼领兵讨伐西班牙，攻城略地，直至围困萨拉戈萨，西班牙王马尔西勒派使节向查理曼求和。这是《罗兰之歌》开篇的情形。见杨宪益译《罗兰之歌》，上海译文出版社2008年，第3—15页。——中译者

封君将封土授予另一个人，而原初的封土持有者则成为后者的封臣，从他手里取得封土。这种安排包含三方契约，涉及政治协议、金钱交易等。从埃诺女伯爵里希尔达于 1071 年对其自主地的处理中，我们已经略窥其堂奥。里希尔达将已故丈夫的全部封土（omnia feoda que comes Hanoniensis ab eo tenebat），悉数交到德意志国王亨利四世手中，主要包括埃诺伯爵领、蒙斯的圣瓦德鲁修道院世俗院长职位及诉讼代理人职位（abbatiam et advocatiam Montensis ecclesie et justiciam comitatus Hanoniensis）。亨利四世将之交给列日教会，接着下洛塔林吉亚公爵“驼背者”戈弗雷“从列日主教手里得到它们作为恩地，成为主教的封臣”（miles effectus est domni episcope… accepto ab eo hoc beneficio）。最后，里希尔达“成为公爵的封臣，又从他那里得到这份恩地”（ducis ef-
 205 fecta, hoc idem accepit a duce beneficium）。这个芜杂程序的前
提显然是，列日主教已经付钱给国王，也付钱给里希尔达。[49] 埃诺伯爵从国王的直接封臣，变成了国王间接封臣的封臣；戈弗雷死后无嗣，埃诺伯爵变成国王封臣的封臣。还可以列举 11 世纪法兰西的一个例子。旺多姆伯爵领是国王封授的封土，年轻的布尔夏尔伯爵及其母亲阿德拉女伯爵将它交付给国王亨利一世。于是“若弗鲁瓦（即安茹伯爵若弗鲁瓦）从国王手里接受之作为封土，条件是母亲与儿子（即阿德拉与布夏尔）可以从他那里得到这

---

[49] Gislebert, *Chronique*, c. 8, p. 12；采邑封授启事，见 éd. Weiland, MM. GG., *Constitutions*, I, nº 441, p. 650。

块土地；事情就这么做了”[50]。

另一类由形成环境赋予其特点的封土，是被当成抵押品的担保性封土(fief servant)。它的形成，尤其是在中世纪晚期数世纪中，是在这样的时候：一个债务人为了给债主提供一块带有收益的地产作为抵押，向债主封授一块地产。如此形成的封土在法兰西叫 engagère，在德意志叫 Pfandlehen。它可以经由两种不同方法而形成，一是由一块自主地的封授而形成，一是经由债务人所持有封土的再封授而形成；在后一种情况下，通常需要得到最初授其封土的封君的同意。蒙斯的吉斯勒贝尔记载了 1188 年那慕尔伯爵 206
“瞎子”亨利与埃诺伯爵鲍德温五世的冲突，为我们提供了此类封土的绝佳例证。亨利一世是布拉班特的年轻公爵，他与“瞎子”亨利的父亲戈弗雷三世曾有过往，“瞎子”亨利接近他，以便从他那里借钱。记载说：“那慕尔伯爵把默兹河和桑布尔河这边(即西岸)的领土，包括封土及自主地，作为抵押品交给了年轻的公爵，以此从他那里换取 5000 马克的钱款。”[51]如果欠债的封君将欠款偿还了债务人——此债务人曾是他的封臣——那么，后者就必须把封土还给他。

---

[50] “Eo quidem pacto Gaufredus comes a rege percepit honorem quatenus et mater et puer ejus ab eo tenerent quod et factum est.” Métais, *Cartulaire de la Trinité de Vendôme*, n° 6.

[51] “Ibique duci junior comme Namurcensis… totam terram suam ex hac parte Mose et Sambre vadio tenendam concessit, tam in feodis quam in allodiis pro 5 milibus marcis.” *Chronique*, c.148 , p.228.

4. 封授式

我们已经看到，为了促成物权得以形成或实现转移，中世纪早期的法律观念要求履行某种有形的行动。这个有形的行动几乎总是带有象征性的特点。在分封土地中，象征行动被称作“封授式”（拉丁语 vestitura 或 investitura、法语 investiture、德语 Lehnung、荷兰语 verlei）。封授式在效忠宣誓礼和臣服礼之后进行，通常是
207 即刻进行。只有在意大利北部，封授式通常先于效忠宣誓礼进行，臣服礼则较为罕见。[52]

布鲁日的加尔贝记载被谋杀的佛兰德尔伯爵“好人”查理手下的封臣，于 1127 年成为佛兰德尔新伯爵诺曼底的威廉·克利托的封臣后，接下来说：“然后，伯爵手握着一根细枝条，给所有人举行封授式，这些人已向他行臣服礼，承诺效忠并宣誓。”[53]另一个授地仪式的生动画面，见于 12 世纪阿拉斯的让·博德尔的《塞西尼之歌》（Chanson des Saisnes），其中描述查理曼接受蒙迪迪耶的贝拉尔的效忠礼和臣服礼，给予他亲吻后，授予他一面军旗，以此完成封土封授仪式：

蒙迪迪耶的贝拉尔来到查理曼面前；

---

[52] *Constitutiones Feudorum*, Antiqua Ⅷ, 9, éd. Lehmann, p. 120.

[53] “Deinde virgula, quam manu consul tenebat, investituras donavit eis omnibus, qui hoc pacto securitatem et hominium simulque juramentum fecerunt.” Galbert, c. 56, p. 89；见前文，原书第 123—125 页。

跪倒在他的脚下，成为了他的封臣；

他俯身一吻，贝拉尔仰受；

他授予白色的旗帜，得到的是效忠。[54]

授封仪式就是封君移交某种象征物的行动。这个行动既象征授予物件的行动，也象征接受物件的行动（德语作 Handlungssymbol 或者 Gegenstandssymbol）。在第一种情况下，物件象征着封 208
君正在进行的移交行动，但封君保留使用的物件，如权杖、细枝条、戒指、小刀或手套，等等；如果这物件无甚价值，如一把小刀，仪式过后可郑重其事地销毁。1127 年佛兰德尔伯爵在全部封授式中使用细枝条，并且保留了细枝条，所以可以认为它象征转让行为。在第二种情况下，物件保留在封臣之手，象征封土本身；可以是一根麦秸，一块泥土或草皮，一柄长矛，一面或几面旗帜。在《沃尔姆斯协议》签订之前的德意志和意大利，在帝国的主教封授式中，象征物可以是一根牧杖，等等。1004 年，德意志的亨利二世在雷根斯堡将巴伐利亚公爵领授予其妻弟卢森堡的亨利，编年史家梅泽堡的蒂特马尔这样记载："他将一面象征巴伐利亚公爵领的旗帜授予了他的封臣和妻弟亨利。"[55]

[54] Berars de Monsdidier devant Karle est venuz;

À ses piez s'agenoille, s'est ses hom devenuz;

L'ampereres le baise, se l'a relevé suz;

Par une blanche ansaigne, li est ses fiez renduz.

Jean Bodels Saxenlied, éd. F. Menzel et E. Stengel, Marburg, 1906, Ⅲ, v. 1151 et s.

[55] "militi suimet generoque Heinrico... cum... hasta signifera ducatum dedit." *Chronicon*, Ⅵ, 3, éd. Holtzmann, p. 276.

通过封授式，封臣被“赋予”封土；封授式授予封臣对封土的依
法占有权(seisin；拉丁语作 saisina，有时作 tenura；法语作 saisine
或 tenure；德语作 Gewere；荷兰语作 weer 或 were)，至少是授予
封臣以其身份所能享有的占有权。换言之，从被授予封土的那一
时刻起，因为有了这个仪式，封臣便获得了对封土的权利，并受到
209 法律的保护，反对任何方面的侵害。这种保护近似于罗马法的“占
有”(possession)；12 世纪西欧罗马法复兴造成的一个结果是，首
先在意大利[56]，然后在法兰西和其他地方，这种依法占有观念非常
深刻地受到占有权观念的感染，尤其是就封土而言。14 世纪佛兰
德尔的一部封土法著作在涉及封土时，经常讲到占有权。[57]

5. 书面记录

有时当事各方起草书面记录，不仅记载效忠誓言和臣服礼，而且也记载封土的授封。这些记录出现很早，以“记事录”(noticiae)和特许状的形式出现于所有国家。1143 年的一个“记事录”即是如此，它以异乎寻常的笔触，记载了布卢瓦和特鲁瓦(香槟)的蒂博二世伯爵在奥古斯丁尼斯边区向勃艮第公爵欧德斯二世行臣服礼，并确认从后者手里得到欧塞尔的圣日耳曼修道院，以及一些地

---

[56] *Consuetudines Feudorum*，Ⅷ，3，12 et *passim*，éd. Lehmann，pp. 115 et 117，123 et *passim*.

[57] *Leenboek van Vlaenderen*，c. 9，éd. L. Gilliodts van Severen，*Coutumes du Bourg de Bruges*，Ⅲ，Bruxelles，1885，p. 210.

产与城堡，还有特鲁瓦的伯爵领与城镇。[58] 210

然而，13 世纪以前，这类文献并不常见。从 13 世纪起，书面记录在洛塔林吉亚各公国、英格兰，尤其是法兰西变得越来越多。有时封君会给封臣一份特许状，证明已经完成宣誓效忠、臣服礼，封授了封土。[59] 有时封臣会起草一份契约书，表明相关仪式已经举行，他已获得封土的依法占有权；[60]契约书交给封君充作“地契”，这种“地契”在法兰西被称为“效忠书”。在这些情况下，封臣通常会承诺做“封土展示”（ostensio feodi），即在其封土内的一个点上建立标示物。但这种“封土指示物”（monstree de fief 或 montree de la terre）可以代之以一种文字记录，即“点计册”（dénombrement）。我们可以分析一下 1228 年的一份“效忠书”，这份“效忠书”带有承诺要做的“点计册”：“德斯坦韦尔先生已向巴黎主教威廉行臣服礼，从主教手中持有圣丹尼地区圣·克鲁瓦附近的地产，并承诺在 40 天之内向该主教提供一份细目单，说明其

[58] “Notum sit… quod comes Theobaldus Blesiensium Odoni duci Burgundie apud Augustinam fecit hominium et cognovit quatinus abbatia Sancti Germani Autissiodorensis de feodo ducis erat et tenebat, et…” Longnon, *Documents*, Ⅰ, Chartes, n° 1, p. 466.

[59] 如，腓力·奥古斯都于 1212 年授予证书给布卢瓦伯爵蒂博、佩里戈尔伯爵阿香博、欧特福尔庄园主贝特朗·德伯恩：*Recueil des actes de Philippe Auguste*, Ⅲ, éd. J. Monicat et J. Boussard, Paris, 1966, n°s 1259 et 1268, p. 382 et 395。见前文，原书第 139 页注 28。

[60] 如，1196 年佛兰德尔（及埃诺）伯爵鲍德温九世（六世）呈给法兰西国王腓力·奥古斯都的契约书，见 F. Lot, *Fidèles et Vassaux*, Paris, 1904, pp. 255–257；1212 年佛兰德尔和埃诺伯爵葡萄牙的费郎呈给腓力·奥古斯都的契约书，见于 C. Duvivier, *La querelle des d'Avesnes et des Dampierre*, Ⅱ, Bruxelles, 1894, P. J. n° 7, p. 13 et 14。见前文，原书第 139 页注 28 提到的出版物。 211

地产名目。”[61]不过，类似的记录很少见于英格兰，同样也很少见于德意志，至少在中世纪末期以前很少见。

6.封土的放弃

封土放弃仪式是与封授式相对应的仪式；要放弃封土，先要放弃效忠(demission de foi)。放弃封土的人要“脱离”封君手中的封土。它由一个动作来完成，这个动作对应于“授予”他封土的动作，即“弃地仪式”(werpitio，法语作 déguerpissement)。封臣呈交封君一个象征性物件，这种物件象征授封行为或封土本身；至少在象征封土时，这个象征性物件通常应与最初封授式使用的物件相同。我们发现，在11世纪的最后二十五年，康布雷的利贝尔主教的“武功歌”提到放弃封土的法律手续。这位主教拒绝解除对瓦西地方发动叛乱的堡主于格的绝罚，“除非他首先同意以自己的手放弃——通常所说的 werpire——他在康布雷城内持有的每一处封
212 土”。[62]

[61] “Dominus J. de Estenville fecit homagium Willelmo, Parisiensi episcopo, de hiis que tenet de eo prope Sanctam Crucem, apud Sanctum Dionisium et infra XL dies debet tra-dere in scriptis dicto episcopo que sunt illa.” B. Guérard, *Cartulaire de l'église Notre-Dame de Paris*, Ⅰ, Paris, 1850, n° 174, p. 148.

[62] “nisi prius dimissionem manu propria, quod et vulgo werpire dicitur, faceret ex omni beneficio quod infra ambitum Cameracae civitatis habebat.” *Gesta Lietberti episcopi Cameracensis*, c. 20, éd. L.-C. Bethmann, MM. GG., SS. Ⅶ, p. 495.

7. 领地间的从属关系

从早些时候起，人们就认为，一块土地或以封土形式授予的一种权利，与它从中分离出来的自主地或封土之间，持续存在着某种联系。人们通常会说，这块土地或这种权利是“传”（descendere）自这块自主地或封土，或更频繁地说，它“移”（movere）自这块自主地或封土。例如，1200、1229 年埃诺地方的特许状写道，“这些财产传自他的封土”（de cuius feodo ista descendunt）、“从我的封土‘移’出的什一税”（a decimal que de meo movebat feodo）。[63] 这种关系在法语中被称为“领地间的从属关系”（mouvance），这个词也同样用来表示封授的封土与封授封土的封君之间的关系。

法兰西的封土法学家——也许很不开心地——将那些封授出去的封土称作“从属性封土”（fief servant），将那些分离出“从属性封土”的自主地及封土称为“主导性封土”（fief dominant）。

不过，“领地间的从属关系”可以用来表示完全的人为性联系。有时，仅仅出于军事或行政原因，人们会把封土归附于土地、城堡、
庄园，后来则归附于行政或司法单位。譬如，在 12 世纪的埃诺，封 213
土附属于伯爵在蒙斯和瓦朗谢讷的城堡；个中原因无他，只是因为领有封土的封臣在这些城堡里担负着守卫城堡的役务。13 世纪早期，从法兰西国王那里取得的许多封土也同样附属于他的领地、

[63] Didier, *Droit des fiefs*, p.107, n.1 et 2 中所引未发表的文献。

官邸或大法官辖区。[64]

8. 封君和封臣对封土的权利

封土研究最基本的问题之一，是封君和封臣对封土所享有的权利的性质。为了精确地说明这种权利，需要区分两种假设。从授封封土的封君的观点，两种权利可以极鲜明地刻画出来。

第一种假设：封土直接来自封君的自主地产。这种封土每个国家都有。但在英格兰，诺曼征服以后，国王在法律上成为了唯一的自主地持有者，所以这类土地仅限为总佃臣（tenentes in capi-
214 te）即国王的直接封臣所持有。在法兰西与德意志，随着时间的推移，由于世俗自主地数量的减少，这种情况变得很有限。在法兰西的许多地方，世俗自主地很早就变得非常稀少。在诺曼底，自主地在11世纪晚期实际上已经消失，12世纪时布列塔尼似乎也是同样情况；在我们所关注的这个时期的末尾，这个结果在其他地方还没有出现，但在13世纪，"无地无封君"（nulle terre sans seigneur）的规则——这个规则排除对自主地财产的设想，乃至自主地财产存在的可能性——在许多地方都已经得到承认。[65] 这个发展趋势

[64] Gislebert de Mons, *Chronique*, c. 41 et 130, éd. Vanderkindere, p. 74 et 196；腓力・奥古斯都给予王室总管德罗・德・迈洛的儿子德鲁的特许状，见于 *Recueil des actes de Philippe Auguste*, Ⅱ, n° 885, éd. Petit-Dutaillis et Monicat, p. 473－474（= *Recueil des historiens des Gaules et de la France*, ⅩⅦ, p. 59）；*Scripta de feodis*, n° 510（1204－1212），178 et s., 184 et s., 283（1220），*ibid*., pp. 714－715, 646 et s, 647 et s, 668。

[65] 关于博韦地区，见 Beaumanoir, *Coutumes*, éd. Salmon, Ⅰ, n° 688, p. 349。

一方面是源于社会状态极有利于封土-封臣关系的发展，另一方面是源于国王、地方诸侯和许多重要的教俗封君所追随的政策。在德意志，12 世纪霍亨斯陶芬家族希望以封建关系框架作为其权力基础，大力推动封建化的稳步发展，导致了类似但不一致的结果。世俗自主地产变得越来越少，乃至出现了这样的趋势，即将自主地同化于封土，将它说成是“领自太阳的封土”（Sonnenlehen，拉丁语作 feodum solis）。不过，无论是“无地无封君”原则，还是任何与之相近的规则，从来都没有被普遍接受。自主地产在德意志所有地区仍然存在，在一些地方，如弗里西亚、萨克森、图林根，还具 215
有相当大的重要性。它同样存在于上、下洛塔林吉亚，勃艮第-阿勒斯王国的一些地区：弗朗什孔泰、里昂、多菲内、普罗旺斯和今天瑞士的西部。法兰西的部分地区，如佛兰德尔，东部的一些地区，南部的广大地区（波尔德莱地区、巴扎斯地区、康明斯地区、朗格多克、奥弗涅、福雷、尼韦奈），也都极力保存自主地产，虽然从 13 世纪起一些地区已显示出明显的衰落趋势。

所以，一个封臣可以从一位自主地产主手里得到封土，自主地产主可以是国王、世俗自主地产主，也可以是教会；如果封土得自教会，则常被称作 frankalmoign（拉丁语作 franca 或者 libera elemosyna、法语作 franche aumône），在法兰西或邻近地区，它是特权形式的教会自主地。如，1060 年起草的一份特许状所涉及的，是艾尔梅拉斯·德安杜西的儿子彼得向基伦涅修道院捐赠的自主地，处理的就是这类地产；蒙彼利埃的威廉和彼得——戈塞林·德鲁内尔的儿子——领有它作为封土（et hoc alodem tenent ad fevum Willelmus de Montepistillario et Petrus, filius Gaucelini de

Lunello)。除了朗格多克的这个实例,我们还可以引用佛兰德尔的例子:根特的圣彼得修道院的《习惯书》(Liber Traditionum)中
216 有一份 1164 年的记录,这份记录说,兰斯考特的鲍德温之子西蒙从阿尔瓦纳的塞奥多里克取回了在缪斯霍勒的属于他自己的三又二分之一邦尼尔自主地——此前塞奥多里克以封土的形式从他手里领有这块土地——然后将它作为救济品送给教会,用来维持圣彼得修道院的祭坛。[66]

在我们所研究的这个时代的初期,无疑不存在两方对封土所享权利性质的问题。封君拥有的权利,与罗马法规定的无条件所有权性质相同,而封臣所拥有的权利相当于罗马法中的用益权,这种用益权在此前几个世纪的文献中仍被称为 usufructus。所以,所有权在两者之间被分割。但有效占有封土的是封臣,这个事实使他能够强化和拓展他的物权,而封君的物权却相应地趋于衰落了。这种变化在 9 世纪时已经开始出现,以后的几个世纪里得到强化,因为封臣可以对封君不断施压:封君进行政治和军事活动需要封臣提供役务。11 世纪,封臣对其封土的权利,已经远远超出了罗马法的用益权概念所允许的范围。12—13 世纪法律汇编用来表述封君和封臣所享权利的名称呈现不确定性,是这个过渡时代的特征。涉及封君的词语有:dominium(支配权)、dominium feodale(封土支配权)、supremum dominium(至上支配权)和 posse-

[66] "Quidam Symon, filius Balduini de Landeskoutre, 3½ bunaria terre allodii in Musehole, a Theodorico de Alvana, qui eandem terram de se actenus tenebat in feodo, receipt et ad altare Sancti Petri in elemosina optulit ecclesie." Devic et Vaissete, *op. cit.*, éd. Privat, V, nº 258, III. *Liber traditionum Sancti Petri Blandiniensis*, éd. A. Fayen, Gand, 1906, nº 173, p. 175.

ssio（所有权），涉及封臣的有：jus hereditarium（继承权）、proprie-
tas（产权）、dominatio（支配权）。12 世纪罗马法研究在西欧复兴，
受此影响，人们试图清晰界定双方的各种权利，此时的罗马法学者 217
想把这些权利纳入罗马法观念的框架中。他们经过一番摸索之后，最终于 13 世纪以其对罗马地产法的某种不太准确的解读为基础，形成一条法律原则。由于他们不可能承认封臣只拥有属于他人物件的物权（ius in re aliena），所以他们希望对产权做进一步分割，并发明了分割的支配权（divided dominium）的学说：对财产拥有自主权利的封君，对财产仍然拥有 dominium directum（直接支配权），现代学者称之为“最高支配权”（eminent domain），而封臣则获得 dominium utile（使用权）。这个概念已见于 13 世纪中叶博洛尼亚的杰出法学注释家阿库修斯（Accursius）所著《〈民法大全〉注释》（*Glossa Ordinaria*）。很有可能，在这种学说得到充分阐释以前，这种区分于 13 世纪的法兰西已在实践中使用。13 世纪末经由洛塔林吉亚传到德意志。[67]

第二种假设是，封臣从封君手中取得封土，而封君本身是从自主地产主那里取得封土；这些封土是封土之封土。封臣的物权只是其直接封君所享权利的一部分，而直接封君的权利又来自对一种物权的分割，这种物权本身是从自主地产主享有的本初物权中
分离出来的。因此，当分割的支配权的学说形成后，对于居间封君 218
和封臣之封臣之间的“支配权”的属性，法学家们显示出颇多踌躇。一些人承认“直接支配权”和“使用权”之间的多样性和相对性，但

[67] 1280 年科内利明斯特（Kornelimunster）修道院院长特许状，那穆尔（Namur）州立档案馆，纳穆尔伯爵特许状，n° 126。

在法兰西，人们普遍接受的观点是，“直接支配权”排他性地属于拥有自主地产的封君——封土最初是他的自主地产，而封臣与封臣之封臣仅仅分享“使用权”。

9. 封土的处置权

封臣在最初时只拥有使用封土、享有其产品的权利（ius utendi et fruendi）。他无权改变封土的实体，无权对其进行分割，无权“削价”即降低其价值，也无权将它转让；简言之，封臣对它没有处置权（ius abutendi）。但在我们所研究的这个时代，封臣已成功获得了对封土的大多数权利，只有对封土的“削价”权除外；对封土的“削价”权通常是不归他享有的。

10. 封土的继承性

我们已经看到，最初终身持有的恩地，在9世纪末已经开始具有继承性，至少在直系男嗣方面是如此。这种情况在法兰西和意
219 大利尤为明显。在法兰西，恩地的继承性在10—11世纪变得越来越普遍，最后成为寻常的习惯，特别是那些较为重要的封土，就更是如此。有两个例子可说明这种习惯的普及。第一个例证属于间接继承，在这种情况下，11世纪初封君仍保留某种自由行动权。大约在1028年，一个名叫哈梅林的骑士请求安茹伯爵富尔克·内拉准许他继承一块封土，这块封土先后由其父雷恩的戈西林、其兄博普雷欧的吉鲁瓦尔从伯爵那里持有作为封土。他曾经冒犯过伯

爵，所以伯爵拒绝了他（... postulans in honore paterno succedere, vix hoc assequi potuit a Fulcone inclito comite）。由于妻子出面干预，伯爵最终做出让步，因为哈梅林赠给伯爵夫人一座教堂，赢得了她的支持。[68] 第二个例子涉及的一块封土，明确说明限于终身使用。10 世纪，“伟大的”于格公爵剥夺了圣-日耳曼-德普雷修道院在康布-拉维勒（Combs-la-Ville，塞纳-瓦兹省）的地产，将它作为封土授予他的封臣希尔都因伯爵，明确规定封地由领有者终身使用。希尔都因死后，“伟大的”于格将它授给了自己的儿子休·卡佩，这块封土又传给休·卡佩的儿子“虔诚者”罗贝尔，“虔诚者”再将它归还给圣-日耳曼-德普雷修道院。但在 1031 年或稍后一些时间，在希尔都因的外甥马纳塞请求下，亨利一世再次从圣-日耳曼-德普雷修道院手中收回这块土地，作为封土授给马纳塞终身使用。马纳塞死后，国王再把它归还给圣日耳曼修 220
道院，但马纳塞的儿子欧德斯认为自己享有这块土地的继承权，说服腓力一世再次从修道院收回这块土地，然后封授给他，但条件是在他死后修道院收回这块地产。不过，最后的这个约定从未得到履行。[69] 11 世纪末以后，这类终身封地在法兰西逐渐变得越来越少，虽然还没有完全消失；尤其是“金钱封土”经常是终身授予的。对洛塔林吉亚的情况，这些观察也是适用的。

在德意志，这个变化过程要缓慢得多。在 9—10 世纪，封臣之

[68] P. Marchegay, *Cartulaire de l' abbaye du Ronceray d' Angers*, Angers. 1854, n° 125.

[69] M. Prou, *Actes de Philippe 1er*, Paris, 1908, n° 13, p. 38 – 41, a° 1061 (= Poupardin, *Recueil des chartes de l' abbaye de Saint-Germain-des-Prés*, Ⅰ, n° 64, pp. 103 – 106).

子继承其父封土的例子比较多,但到11世纪早期,这种习俗还不及法兰西那样普遍,特别是在较低的社会阶层。继承权还不被认为是一种通则,甚至父子间的直接继承,情况也是如此。巴伐利亚的泰根塞修道院的一位修士在信中提到一位封臣的恩地,“人们可
221 以说,这块封土是封臣从其父那里继承下来的”。[70] 11世纪上半叶,受康拉德二世政策的推动,继承权得到加速发展。在意大利北部,他颁布一项法令规定,总佃臣与陪臣(即国王封臣之封臣)的封土,可以由儿子或兄弟继承。德意志也推行类似的政策。康拉德二世的传记作家维坡写道:“他不允许封臣们被剥夺其父辈从前持有的封土,因而获得了他们的坚定支持。”[71]但在12世纪甚至13世纪,德意志仍然存在一定数量的终身封土。直到12世纪下半期,旁系亲属继承被视为优待,而非权利。

在英格兰,诺曼征服之后,封土继承性还远没有普遍建立起

来。我们拥有1066—1687年与1085年签订的两份封土封授的特许状,这两份特许状所注意的似乎只是终身授地。不过,需要注
222 意,在这两个实例中,后来封土确已变为世袭。[72]

在12世纪,继承性应被视为英格兰封土的典型特点。

封土的继承性是一种非常特殊的继承性。因为使用封土的目的,是为封臣提供一种手段,完成其应担负的役务,所以,封土的授

[70] “paterno quidem iure… si dici fas est, sibi in hereditatem collatum.” *Die Tegernseer Briefsammlung*, éd. K. Strecker, nº 116, p. 124 - 125.

[71] “Militum vero animos in hoc multum attraxit quod antiqua beneficia parentum nemini posterorum auferri sustinuit.” *Constitutiones*, Ⅰ, nº 45, p. 90 et 91, aº 1037, et Wipo, *Gesta Chuonradi*, c. 6. p. 28.

[72] Douglas, *Charter of enfeoffment*, English Historical Review, ⅩLⅡ, p. 247; V.-H. Galbraith, *An episcopal landgrant of* 1085, *ibid*., ⅩLⅣ, 1929, pp. 371 - 372.

予权在封臣死亡时就自然终结了。继承者不能指望像继承自主地一样全权继承封土，因为在要求依法占有之前，他需要完成宣誓效忠、臣服礼和授地仪式。他有权要求授地仪式，不过其条件是：完成宣誓效忠礼和臣服礼，并且不失掉完成这些行动的机会。现实中发生的事情是，继承者立即占有他想继承的前任留下的空白封土，然后再向封君提出举行封地式的请求。这个行动必须在一定时限内完成，这个时限取决于地方习俗，如果继承人不依此规矩行事，他就被视为犯下大错，这个大错在法兰西叫“属臣空缺”（défaute d'homme, defectus hominis）。[73] 由于封臣的死亡意味着封土的终结，封君对封土的法律权利完全恢复，所以，如果他是自主地主人，佃领者的“使用权”（dominium utile）在理论上回归封君，与“直接支配权”（dominium directum）合并。因此，最初人们接受这个惯例，即在这段时间——从当事人死亡到新的封臣的封地仪式举行前——中，新的封臣对封土不享有法定占有权。但是，随着时间的推移，封臣们不断做出努力，提高自身地位，越来越 223
将封土“祖产化”，受此影响，逐渐出现了一些习俗，消减了这个惯例的效力。

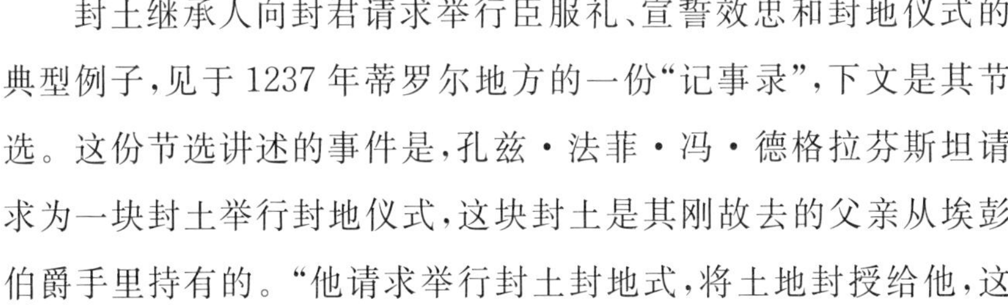

封土继承人向封君请求举行臣服礼、宣誓效忠和封地仪式的典型例子，见于1237年蒂罗尔地方的一份“记事录”，下文是其节选。这份节选讲述的事件是，孔兹·法菲·冯·德格拉芬斯坦请求为一块封土举行封地仪式，这块封土是其刚故去的父亲从埃彭伯爵手里持有的。“他请求举行封土封地式，将土地封授给他，这

[73] *Établissements de Saint Louis*, Ⅱ, 19, éd. P. Viollet, Ⅱ, Paris, 1881, p. 396; Beaumanoir, Ⅰ, n° 78, éd. Salmon, p. 51.

块封土属于埃彭伯爵伊戈诺老爷，刚去世的莫哈尔老爷从伊戈诺老爷手里持有这块封土，在他之前去世的乌尔里希伯爵曾持有这块封土，现在，格拉芬斯坦把手放在埃彭伯爵手中，宣布自己愿意向他臣服。”[74]

11. 继承金

在我们研究的这个时代的初期，即封土继承性还没有成为既定习俗之时，封君可以施加条件，然后接受封臣继承人的效忠礼、
224 臣服礼，将封土封授给他。换言之，他可以为同意授地要求某些补偿。封君就此索要的费用，在文献里称作“继承金”（relevium，法语作 relief、中世纪荷兰语作 verlief、[75]现代荷兰语作 verheffingsrecht、德语作 Lehnware）；这笔钱由封土继承人即候任封臣付出，为的是获得封土占有权的授权——对封土的完全占有权，从象征意义上讲，由于前一个持有者的死亡而归于无效。文献中还有“赎回”一词（英语 redemption、拉丁语 rachetum[76]、法语 rachat），

[74] “peciit... investitura feudi unius a domino Egenoni, comiti de Epiano pro se et ab eo... de quoddam feudo, quod quondam dominus Morhardus... habebat ab eo... et a condam domino Ulrico comite, et porrexit ei manus suas et volebat sibi facere minuitatem.” H. Loersch, R. Schroeder, L. Perels, *Urkunden zur Geschichte des deutschen Rechtes*, 3e éd. Bonn, 1912, nº 122.

[75] *Leenboek van Vleanderen*, c. 4, p. 209. 通常是使用的词汇是 *verheffingsrecht*。

[76] 如，腓力·奥古斯都和佛兰德尔及埃诺伯爵鲍德温九世（六世?）于 1200 年签订的《佩罗讷条约》，见 *Recueil des actes de Philippe Auguste*, Ⅱ, nº 621, éd. Petit-Dutaillis et Monicat, pp. 167 - 168 (= Duvivier, *Querelle des d'Avesnes et des Dampierre*, Ⅱ, P.J. nº 1, p.2)。

在法兰西西南部和图卢兹地区，还有一些同样含义的词语（拉丁语
有 adcaptatio、reacaptatio、reiracapta、retroacaptis，法语有
acapte、arrière-acapte）。[77] 12 世纪的一份佛兰德尔特许状说到
emptionem que vulgo dicitur cop 时，既采用了拉丁语，又使用了
中世纪荷兰语词汇；最后一个词 cop，可能是拼写错误，相当于现
代荷兰语的 koop，意为“购买物”。[78] 14 世纪雅克·达布莱热
（Jacques d’Ableiges）编纂了《巴黎习惯法汇编》，此书被人们极
不恰当地称为《法兰西习惯法全编》（*Grand Coutumier de
France*），该书作者对继承金做出了出色的解释，这个解释充分证 225
明了第二组名称的正确性：“按照通行的看法，我们似乎可以说，一
个封臣死去，封土可以这样处理，即它既不归最高封君占有，也不
归继承人占有，只能由直接封君占有。正是从封君接管封土、接纳
继承人并为他举行效忠礼、封土转移到继承人之手这个过程，封君
获得了称作‘继承金’（有时被称作赎买费）的权利，这笔继承金相
当于一年的封土收入……直到继承金付清，封君一直享受‘属臣空
缺’带来的封土收入。”[79]

[77] 如 Douais，*op. cit.*，n° 98（a° 1113），260（a° 1128），335（s. d.），698（1176）；Higounet，*op. cit.*，Ⅱ，Pièces justificatives，n° 3（a° 1199）.

[78] 1160 年佛兰德尔伯爵阿尔萨斯的梯叶里的特许状，见 A. Pruvost，*Chronique et Cartulaire de l’abbaye de Bergues-Saint-Winnoc*，Ⅰ，Bruges，1875，pp. 118－119。将荷兰语 koop 理解为“购买物”的其他实例，见 K. Stallaert，*Glossarium van verouderde rechtstermen*，Ⅰ，Leiden，1890，sub v°，pp. 96－97。

[79] “Et semble encores selon la commune oppinion，que a plus proprement parler，l’en peult dire que par la mort du vassal le fief chiet et gist par telle manière qu’il ne peult estre possédé ne par le seigneur，ne par l’héritier，fors quant il est relevé par le seigneur direct，et de ce relief que le seigneur faict a l’héritier en le prenant et

起初，继承金的数额由封君擅自确定，或经双方协商确定。1127 年，法兰西国王路易六世对新任佛兰德尔伯爵威廉·克利托就是这样做的，当时布鲁日人纷纷指责路易六世公开索要和接受 1000 马克的封土继承金。[80] 12 世纪和 13 世纪，为较大的封土举行封授式，有时要支付巨额继承金，如法兰西的地方诸侯国，继承人不是直系亲属时就是如此。1212 年，为了得到佛兰德尔及同女继承人让娜结婚，葡萄牙的费兰德支付了 50000 镑后才获准举行宣
226 誓效忠和臣服礼。[81] 不过，某种固定的继承金被普遍接受。12 世纪初，在法兰西“王领”内，继承金在习惯上被确定为一年的封土收入，这种做法在整个法兰西广泛传播开来。蒙斯的吉尔贝尔告诉我们，1192 年佛兰德尔（和埃诺）的鲍德温八世（五世）和法兰西国王腓力·奥古斯都在佩罗讷达成协议，在这个协议中，“伯爵依约将向封君即国王支付 5000 纯银马克，作为获得佛兰德尔的继承金，因为法兰西法律规定，每一个封臣都要为其绝对封土向封君支付继承金，数量为封土一年之收入”。[82] 同样的支付额也见于法兰

laissant en sa foy, il a le droit qui est appellé relief, que l'en dit aucunes fois rachat, qui vault le revenu d'ung an… En tant longuement que le relief demourera a faire, le seigneur fera les fruicts siens par défaulte de homme." *Le Grand Coutumier de France*, éd. E. Laboulaye et R. Dareste, Paris, 1868, pp. 234 - 235.

[80] "mille marcas pro pretio et coemptione aperte sussceperit." Galbert, *Histoire du meurtre de Charles le Bon*, c. 106, p. 151.

[81] Anonymous of Béthune, *Chronique francaise des rois de France*, éd. L. Delisle, *Recueil des historiens des Gaules et de la France*, XXIV, p. 564.

[82] "comes 5 milia marchas puri argenti… pro relevio terre Flandrie domino regi pepigit, cum iuris sit… in Francia, ut quilibet homo pro relevio feodi sui ligii tantum det domino suo, quantum ipsum feodum intra annum valeat." Gislebert, *Chronique*, c. 186, p. 275. 亦见 Jacques d'Ableiges 的资料，前文，原书 225 页注 79 引用。

西之外，如洛塔林吉亚各诸侯国，尤其是那慕尔伯爵领。在英格兰，对于一份骑士封土，100 先令被普遍认为是合适的继承金，至少在 13 世纪初是如此。

在一些情况下——通常是在不太重要的封土中——继承金不是一笔金钱，而是一个骑士所需要的马匹与全部或部分装备。这 227
种继承金（德语作 Heergewäte 或 Heergeräte）可由这个事实来解释，即封臣的坐骑和军事装备早些时候是由封君提供，在将封土授给封臣的继承人之前，封君要求归还这些装备，或这些装备的等价物。在埃诺伯爵领和康布雷齐，这种继承金被用于绝对封土时，称作 liget。

各地都有继承金制度。但在德意志不如法兰西和英格兰发达，在法兰西和英格兰，继承金是封君收入的一个重要来源，对国王而言更甚。对洛塔林吉亚的一些诸侯国，如埃诺伯国和那慕尔伯国，它也非常重要。通常说来，继承金用于封土继承，旁系亲属多于直系亲属。

最初，在封臣死亡（德语作 Mannfall）或封君死亡时（德语作 Herrenfall，封君是国王时作 Thronfall），封臣契约即告终结。无论是哪种情况，封君在理论上都有权索取某种形式的继承金。但封君变更时，通常较少索要继承金。在法兰西，仍然保持这种风俗的封土称作 fiefs relevant de toutes mains（属于所有人的封土）。我们必须小心，不要将继承金和另一种费用混淆起来，另一种费用通常在举行宣誓效忠、臣服礼和授地仪式时付给封君的管家或侍从；管家的权利在法语作 chambellage，在荷兰语作 camerlinggeld 或 hoveschede。

228 12. 封土继承体制

封授封土的目的，可以解释封土继承法的一些特性及与之密切相关的问题。很明显，封土在继承人之间的分割——像自主地产一样的严格分割——将会损害为封君承担的役务。因此，早期有封土不可分割的惯例。这个惯例维持了很长一段时间，在一些情况下出现中断后又得到恢复；一直到12世纪，这个习惯还存在于德意志的一些公国、侯国及许多伯国，法兰西的许多地方诸侯国；在英格兰成为法律。这意味着，在几个可能的继承人（如每个人都认为自己有权继承的封臣诸子）中，必须将继承权指定给其中之一。有时候，这种选择仍由封君随意做出，但是，它逐渐被一个普遍建立起来的规则所取代：长子继承制被非常普遍地接受；在英格兰，它成为封土继承的一项规则。格兰维尔是英国大法官，《英格兰法律史》的作者，他在12世纪下半期这样论述长子继承制：“如果是骑士，即一个人持有军事封土，那么，根据英格兰法律，长
229 子将继承父亲的所有东西。”[83]封土的不可分割性——无疑是为了国王的利益——扩展到封建继承权的不可分割性。另外一些习俗主张幼子继承制（droit de juveigneur）甚于长子继承制，这些习俗也存在于英格兰，但仅限于一些非封建地产，名称是“末子继承制”（Borough-English）。然而，日益增长的封土“世袭财产化”阻碍不

---

[83] “si miles fuerit vel per militiam tenens, tunc secundum jus regni Anglie primogenitus filius patri succedit in totum.” *Tractatus de legibus et consuetudinibus regni Anglie qui Glanvilla vocatur*, Ⅶ, 3, éd. G. D. G. Hall, Londres, 1965, p. 75.

可分割性原则取得普遍胜利。封臣越是把封土视作个人财产,就越自然地认为他的所有孩子都是受益人,就像他拥有的其他财产一样。因此,在法兰西和德意志的大部分地区,分割封土的习惯最终确立起来。

在一些地区,许多试图调和封君的利益与封臣的愿望的习俗发展起来:封君想保持封土甚至封土继承权的不可分割性,封臣则渴望将封土分配给诸位继承人。其中一种习俗被称作“帕拉日”(parage、paragium)制度——有时被称作“兄弟分配制”(frérage)——盛行于法兰西北部和西部,以及低地国家的一些诸侯国。就封君而言,封土或封土继承权是完全不可分割的;它的分割通过兄弟间的私人协议来实现,弟弟们从长兄那里获得一部分封土,然后协助他承担封臣役务,但不必向他行臣服礼。这种“帕拉日”制度在诺曼底得到极充分发展,因为各公爵的权威非常强大,能够使之服务于他们的利益。在一些地区,如巴黎,弟弟们要 230
向长兄行臣服礼。但从长远来看,这种制度并没有令人满意地解决这个问题,因为两三代人以后,总会出现许多复杂问题,由封土而来的役务受到严重损害;另外,封君发现,自己失去了继承金,这些继承金是一系列简单分割行为应提供给他的。其结果是“帕拉日”制度在13世纪或14世纪普遍消失,如果不是在法律上,也在事实上普遍消失了。

德意志发展出另外一种制度来达到类似的目的。为避免封土分割损害封臣原本应承担的役务,人们发明了集体封授封土(una manu)的方法,这种集体封授法运用方式不同,目的不同。譬如,1076年,埃诺女伯爵里希尔达和儿子鲍德温二世伯爵一起成为列

日教会的联合封臣，“用一只手和一次绝对臣服礼”，接受“他们全部的自主地、农奴、役务和封土”。[84] 在封土继承权不能分割的情况下，各继承人一起举行效忠礼和臣服礼，把手同时置于其封君手中。封授仪式也同时一并举行。早在13世纪初，《萨克森法鉴》就
231 提及这种集体封授式，称作 Belenung zu gesammter Hand。[85] 但在13世纪末，这项制度显然已经失效，因为，封土继承权乃至单独的封土正在被瓜分，甚至在举行这种集体封授式之后也被瓜分。

13. 未成年人的继承权

自然可能出现这种情况，即依照世袭继承权，一块封土要传给一个未成年人。人们设计出不同方法，既保障封君的根本利益，获得应得的役务，也保障还没有能力履行役务的未成年人的合法利益。这些方法被称作“委托”、“管理”、“保管”和“监护”（procuratio、ballia、ballium、custodia），法语作 bail、garde。所有这些方法共有的原则是，任命一个人去代表继承人行动。这个人被称为“代理人”、“管理人”或“监护人”（procurator、bajulus、custos），法语作 ballistre 或 gardien，德语作 Muntwalt、Momber 或 Vormund。这个人是谁，取决于地方习惯。诺曼底的“封君监护权”（garde seigneuriale）、英格兰的“封君监护权”，尤其是国王监护权习俗，以及德意志的类似做法，允许封君暂时接管封土、享有对它的用益

[84] “sub una manu et uno hominio ligio universa allodia sua et familias et feoda.” Gislebert, *Chronique*, c.8, p.12.

[85] *Lehnrecht*, 32.1–3, éd. K. A. Eckhardt, 2e éd., pp.55–56.

权，条件是在亡故的封臣的继承人未成年期内供其生活与接受教育。还有一种制度，以巴黎地区的“监管”即“贵族监护”为代表——人们可以再次在德意志发现类似的制度——按照这种制度，继承人最近的亲属成为封君的封臣，并被授予封土，照顾未成 232
年继承人的生活和教育。譬如法兰西国王封土佛兰德尔的情况。那慕尔的菲利普侯爵是未成年的佛兰德尔女伯爵让娜的叔父，他于1206年代表她向法兰西国王宣誓效忠并行绝对臣服礼，然后肩负起“代理人”之职，管理佛兰德尔伯国。腓力·奥古斯都在特许状中宣布，那慕尔的菲利普“已经宣誓，承认我们做他的绝对封君，诚信无私地服侍我们，绝无歹意，并帮助我们反对任何人”。[86] 无论采纳何种办法，“受监护”的孩子成年后都有权请求举行臣服礼和宣誓效忠，并获得封土封授式。

14. 女性的封土继承权

如果封土的继承人是一个女人，可能同样危及封土所要求的役务。毫无疑问，女人最初被完全排除在封土继承权之外，不过，在这里，封土的逐步“世袭财产化”再次影响了这个问题。对于这一规则，从早期就已经有一些例外情况，在法兰西，特别是其南部地区，10世纪末妇女已经可以继承封土；起初只是例外的优待，慢

[86] “Nobis juravit, tanquam domino suo ligio, quod nobis serviette bona fide et sine malo ingenio et nos juvabit contra omnes hominess.” *Recueil des actes de Philippe II Auguste*, Ⅱ, n° 952, éd. L. Petit-Dutaillis et J. Monicat, pp. 544 - 545 (= Duvivier, *Querelle*, Ⅱ, P.J., n° 2, p. 4).

233 慢变成了普遍做法，最后成为一种权利；女性继承在12世纪已经成为普遍的事实。在德意志，认可这个风俗则晚得多，12世纪和13世纪时妇女继承实例已相当多，即使如此，依然不被视为应享之权利；而只被视为一种特权，或归因于某种特殊的恩惠。不过，洛塔林吉亚的几个诸侯国是例外，在那里，妇女继承的习俗很早就被普遍接受；并且正是从洛塔林吉亚，这种女性继承封土的习俗才传到德意志。1071年国王亨利四世明确批准，下洛塔林吉亚公爵将埃诺伯国封授给里希尔达女伯爵，并赞同双方就未来安排达成协议，他在这些条款中加入了一个条款，已经考虑到继承权再传妇女的可能性。[87] 断言此为德意志境内女性封授封土最早的实例，将是轻率之举；但就女性接受伯国作为封土而论，则可能是首例。

封臣需要履行役务，而妇女因其性别上的弱势(ob imbecillitatem sexum)不能履行役务，需要有人代她完成。这个代理人需要得到封君批准，如果需要，则向封君宣誓效忠并行臣服礼。如果这个妇女已婚，代理人可以是她丈夫，因此封君声称有权介入女性
234 封臣的婚姻，或那些要求封臣地位的妇女的婚姻。1051年，埃诺伯爵赫尔曼亡故时，其遗孀里希尔达没有首先征得皇帝亨利三世的赞同，便嫁给了佛兰德尔伯爵的儿子及继承人鲍德温，亨利三世皇帝以此为借口宣战。1071年，亨利四世拟定埃诺伯国权力继承法令，乘机使埃诺伯国成为列日教会和下洛塔林吉亚公爵的附属国，法令规定："如果女儿同意遵照主教意愿出嫁的话"(si consilio episcopi voluerit uxorari)，她可以拥有继承权——她是主教的封

---

[87] *Constitutiones*, Ⅰ, n°.441, p.650.

臣之封臣，如果公爵亡故没有留下继承人，她就是封臣。[88] 封君的这种干预权可能带有强迫性，但更多情况下则是表示同意。这种规则存在于法兰西和德意志，但它在英格兰达到鼎盛，甚至扩展到男性继承人的婚姻，变得对国王非常有利。

15. 封土再封授

我们已经探讨了当事人一方死亡引起的封土转移问题的各主要方面，现在需要简单讨论一下，在活人之间封土转移如何实现。就封土再封授而言，这个问题无须我们长篇大论。封臣有权进行土地封授吗？毫无疑问，起初之时，如果没有得到封君的授权，自然不允许封臣再做封授；再封授将被视为一种“对封土的剥夺”。但从 11 世纪起，在法兰西和德意志，封土再封授似乎普遍地实行 235
起来，封君不做干预。在这两个国家，只有在涉及某些特定封土或某些特定地区的情况下，需要得到封君同意。这一点保留下来。

16. 转让权

在何种程度上封臣享有转让其封土的权利，这个问题需要较大篇幅展开讨论。毫无疑问，最初时封臣是没有任何权利出卖或放弃封土的。封土与役务相联系，封君期望从特定的封臣那里得到役务，封土转让会使这种役务难以履行或不可能履行。此外，封

[88] *Constitutiones*, Ⅰ, n°. 441, p. 650.

臣对封土所拥有的权利，被认为是一种简单的“转让权”(ius in re aliena)，不包括处置权。不过，我们知道，法兰西自10世纪，德意志自11世纪，英格兰自诺曼征服以后，都出现了封臣赠予或出卖封土的情况。但在所有这些转让封土的实例中，封君都扮演了一定角色。它可能出自双方达成协议，并由封君批准：出卖或放弃的地产仍是同一位封君的封土，但为新的领有人所持有。在这种情况下，封臣必须把封土归还给封君，然后由封君接受购地者宣誓效忠及臣服礼，把土地授予购买者。封土也可以放弃或出卖，条件是：封土变成自主地，或由新物主持有封土、支付货币租金；如果这
236 个新物主是教会，那么这是通常的做法。在这种情况下，封臣必须把封土交还封君，然后封君将它当作自主地授予新物主，或卖给他，或以它换取其他土地，或交给他换取租金。最根本的是，必须是封君将封土的依法占有权交给新物主。如果直接封君不是自主地主人，那就必须通过一系列封土归还程序，追溯到最终的自主地主人，因为只有他才有资格以这种方式转让封土。

一些实例可以更清晰地展示这个操作过程；这些实例确实很常见。一个典型例子是1032—1034年的一份特许状，这份特许状说到，一个叫阿尚博的人提议把一块土地卖给安茹伯爵若弗鲁瓦和他的妻子，此二人想用它在旺多姆建一座圣三会(La Trinité)修道院。这块地是一位名叫勒顿的人属下的自主地产，阿尚博从他手里得到这块地作为恩地：“因此，我，勒顿，鉴于我的封臣阿尚博的请求，准许他合法地将这些自主地卖给若弗鲁瓦，此前他一直以恩地形式持有从我处得到的这些自主地。”稍后，勒顿声明把这块土地当作自主地产转给新物主，用的是当时崇尚的

转让自主地的套语。[89] 还有一个来自香槟的实例。1157 年，德罗斯奈的奥利弗赠给（马恩省）拉沙佩勒·奥普朗舍修道院一块地产，这块地产是从特鲁瓦伯爵亨利那里持有的封土。亨利伯爵发表声明，进行干预："因为这块地系奥利弗与其子戈谢从我处领有之封土，故应放弃之，交还给我，由我授给修道院院长。"[90]我们再次引用佛兰德尔的例子。1159 年阿尔萨斯的梯叶里伯爵在一份特许状中声明："我希望人们注意下列事实：利奥尼乌从我这持有45½单位的土地作为封土，然后把它授给兄弟盖伊，盖伊将这块土地归还利奥尼乌，利奥尼乌又把它归还于我，现在我把它授给弗尔纳的圣尼古拉教堂，归它自由、永久地占有。作为交换，我接受教堂给我的 91 单位的土地，我把它作为封土授给上面提到的利奥尼乌，利奥尼乌把它作为封土授给其兄弟盖伊。"[91] 237 238

[89] "Quapropter ego Leudonius deprecante fidele meo Archembaldo alodos quos in beneficium de me hactenus tenere videbatur, illi vendere iure concessi comiti Gausfrido." "ut a die presenti quiquid memorati possessores loci facere voluerint, liberam et firmissimam in omnibus habeant potestatem, nemine contradicente." Metais, *Cartulaire de la Trinité de Vendôme*, Ⅰ, n°. 8.

[90] "hoc autem, ut ratum est, Oliverus et filius ejus Gaucherus, cum de feodo meo erant, manum suam devetiverunt meamque investiverunt et ego manum abbatis investivi." C. Lalore, *Cartulaire de la Chapelle aux Planches*..., n° 17, pp. 17–18.

[91] "notum esse volo... quia 45 mensuras terre et dimidiam quas Leonius a me et frater eius Wido ab ipso feodi jure tenuit, ab eodem fratre suo sibi et ab ipso michi... redditas, ecclesie Sancti Nicolai de Furnes, perpetuo iure libere possidendas, donavi. In quarum concambium ab eadem ecclesia nonaginta unam mensuras de terra... recipiens easdem predicto Leonio a me feodi iure possidendas tradidi et ipse nichilominus predicto fratri suo, easdem feodali iure, ab ipso possidendas, tradidit." A. Vandeputte and C. Carton, *Chronicon et Cartularium abbatiae S. Nicolai Furnensis*, Bruges, 1846, pp. 87–88. 亦见前文，原书第 206 页注 66 所引 1164 年文献。

在所有这些例子中，我们可以发现，至少并存着两类法律行为，其中不包括转让封土的封臣交还封土的行为。一类行为发生于正在转让封土的封臣和正在得到土地的人之间，不管土地是出卖、交换，还是赠送；这是唯一具有经济后果的行为，但它本身还不足以产生双方想要的法定变更。另一类行为发生在封君和正在得到土地的人之间，通常的形式是赠送、封授或换取租金，但有时也可以是出卖或交换。这两类行为中，第一类与第二类不一定相对应。譬如，封臣可把封土卖给需求者，而封君可能将封土赠送给他；许多特许状通常只提及赠送。较之我们刚才分析过的这些实例，有一个实例也许更加清晰，此例发生在 1174 年：厄夫拉尔·拉杜尔是图尔奈的城堡主，佛兰德尔伯爵的封臣，他从伯爵那里持有一块位于阿尔弗灵格的封土，他将这块封土以 550 马克的价格卖给弗尔讷的圣尼古拉教堂。根据阿尔萨斯的菲利普伯爵所言，这桩买卖是“经我同意的”；这块土地交还到他手中，他为了拯救自己
239 和亲人的灵魂，将这笔财产以“自由施舍”(franche aumône)的形式赠给了教堂。[92]

但从 12 世纪起，* 我们开始发现，在法兰西，甚至在德意志，至少在一些地区及一些封土，实际上再也见不到将封土归还封君，然后由封君将它授予新物主的做法。这个程序——在法兰西，人

[92] “hereditario iure possidendam prefate ecclesie in elemosinam dedi.” Vandeputte and Carton, *Chronicon et Cartularium abbatiae S. Nicolai Furnensis*, pp. 217–218.

* 此处法文新版本作 11 世纪，可能是失误。1957 年法文版第 190 页及 1979 年英文版第 147 页均作 12 世纪。——中译者

们称之为"赋予-剥夺"(vest et devest 或 dessaisine-saisine)程序——经常被封君明确的应允或默许所取代,有时封君只是含蓄地表达应允或默许。[93] 在13世纪的英格兰,国王司法权给予依法占有权的新兴保护模式剥夺了持有人再封授封土的权利,以及许多实际使用权,这种习俗迅速被废止。1290年出台《置地法》*,禁止所有的次级分封,但赋予佃领人以新佃领人代替自己的完全自由权。[94]

必须承认,最晚从12世纪开始,在法兰西和德意志,除了一些例外情况和某些类型的封土之外,封君们再也不能有效地阻止封
土的转让。1150年,阿尔萨斯的梯叶里伯爵与泰鲁阿讷主教达成 240
协议,在协议中规定,对教会捐赠封土必须严格遵循"赋予-剥夺"程序,但他补充说,封君们"不能以任何方式加以禁止,除非为了正当的事业,拥有合理的反对理由"。[95] 起初,封君可以因表示同意或准许封土转让索要一笔钱,其情形就像在世袭继承权问题上一

[93] 其中有法国的两个实例:Prou, *Actes de Philippe I*, a^is 1069 - 1070, n° 50, pp.134 - 137; P.de Monsabert, *Chartes de l'abbaye de Nouaillé*, Paris, 1936, 11世纪末或12世纪初,n° 183, pp.288 - 289。

* 《置地法》(*Statute Quia Emptores*)亦称《西敏寺法》(*Statute of Westminster*),由爱德华一世于1290年所颁布。此法令阻止了所有的次级分封;规定,在没有得到封君同意的情况下,可以将自己土地的一部或者全部分封给新的封臣。新的封臣向封君负有同样的义务,如果转让的是部分土地,那么新的封臣将按比例承担义务。——中译者

[94] W.Stubbs, *Select Charters and Other Illustrations of English Constitutional History*, 9e éd.;Par H.W.C.Davis, Oxford, 1948, pp.473 - 474.

[95] "domini eas nullo modo poterunt impedire, nisi justam causam et rationabilem conditionem opponant." T. Duchet et A. Giry, *Cartulaire de l'église de Térouanne*, Saint-Omer, 1881, n° 27.

样。这是封君在封土持有人改变之际征收钱款的源头,这些钱款通常带有税款的特性,而这笔税款对封土价格成一定比例。这类税款在文献中有不同名称:“继承金”(relevium)、“土地转移与买卖费”(laudationes et ventae, lods et ventes)、“授地仪式费”(investitura)、“五一税”(quint)、“次五一税”(requin),等等。

从 12 世纪,尤其是 13 世纪,对于封土赠送或卖给教堂的情况,封君们采取了一些措施,使得封君们的明确赞同成为必要条件,“赋予-剥夺”程序成为严格的义务,违者将受到非常严厉的制裁。特别是在法兰西,形成了这样一种习惯,即获得土地的教堂要缴纳一种称作“永久管理费”(de mainmorte)的税,以弥补土地转手时封君通常都会遭受的损失。在另一些情况下,还存在着这样的习俗,即指定一个人,称之为“关键之人”(home vivant et mou-
241 rant,荷兰语 sterfelijk laet),当他将死时,缴纳“永久管理费”的教会要支付一笔继承金。

在封土转让过程中,封君还可以行使另一种权利,即“优先购买权”(法语作 retrait、德语作 Vorkaufsrecht、荷兰语作 naastingsrecht)。如果封君将购地者购买封土所付款付还给他,这种优先购买权是封君自己取代购买者的权利。从 12 世纪起,在法兰西一些地方的习惯法中,“亲属购买”(retrait lignager)被置于优先地位,即卖者的亲属享有优先购买权。这可视为封土的“财产世袭化”的另一种体现。在英格兰,就军事封土而言,这些制度中的任何一种制度都不为人所知。

封君对于封土的物权,在 9 世纪时是完全的所有权,至少对那些拥有自主地的封君而言是如此。但此时这种权利已经被压缩到很少的几件事上，即征收某些税款，干预或批准健在之人转让封土，以及封土优先购买权。封君可以转让封土，但必须在其权利框架内，且不能损害封臣的权利。只有一些封土是例外，如在德意志北部，一块封土乃是从自主地主那里持有，而不是国王或教堂那里持有[96]；除此之外，封君没有权力强迫封臣放弃其封土，即使他能获得其他封土与之交换，也不允许。1096 年，佛兰德尔伯爵罗伯特二世在动身参加十字军东征之前，想把（北部省）莱斯昆地区三分之二的什一税（bodium）赠给里尔的圣彼得教堂，这个什一税是希松辛的昂格勒贝和里尔堡主罗杰从他那里持有的封土；公爵公开声明，这两个人已经获得其他货物作为交换，将什一税无条件交 242
还给他。[97] 他以此强调归还行为的自愿特点。因此，封君对封土享有的处置权，较之封臣享有的处置权，所受限制要多得多。

[96] *Sachsenspiegel*, *Lehnrecht*, 71, 6, éd. K.-A. Eckhardt², p. 105.

[97] "accepto a me concambio, ab omni exactione liberum michi reddiderunt." F. Vercauteren, *Actes des comtes de Flandre*, n° 20, p. 62.

243 第三章 封臣制与封土的关系

1. 封土-封臣关系的实现

我们已经看到，从9世纪始，在封土-封臣关系中，恩地、封土中的“物”的因素已经开始发挥根本性作用。这个发展过程在随后各世纪中变得愈益突出。封授封土给封臣的风俗日益普遍化，封臣对封土的渴望日趋炽盛，使得封土的授予成为人们充当封臣的真正原因。在这种情况下，一个人成为他人的封臣，为的是获得一块或一些封土。譬如，萨克森的北方区侯爵留达尔既想保住从驾崩的皇帝手里持有的恩地，又希望从巴伐利亚公爵亨利——德意志皇位的觊觎者(spem retinendi et augendi beneficii)——那里接受新的封土，所以他准备在1002年承认自己是亨利公爵的封
244 臣。正是以超过1000多块份地的庞大恩地的诱饵，汉堡-不莱梅的大主教阿德尔伯特才诱惑其敌手萨克森的马格努斯公爵于1066年做了自己的封臣。[①] 这些实例清楚地说明，11世纪时，即

① “ut qui hostis erat, miles efficeretur, offerens ei de bonis ecclesiae mille mansos in beneficium et amplius.” Thietmar de Merseburg, *Chronicon*, Ⅴ, 3, éd. R. Holtzmann, p. 222; Adam de Brème, *Gesta Hammaburgensis ecclesiae pontificum*, Ⅲ, 49, éd. B. Schmeidler, Hanovre, 1917, p. 192.

使在德意志——在这一方面，加洛林传统的延续，此时在德意志远比在法兰西更有效——封土的封授和封臣关系之间的因果关系，也正在建立起来。

2. 封土是封臣效忠和役务的理由

由于这种因果联系的存在，人们很容易得出这样的结论，即封臣的效忠本身是与这个事实相联系的：他持有封君的封土，所以他应完成的役务是对封土之封授的回报。1039 年或稍后，康布雷的城堡主沃尔特二世成为主教热拉尔一世的封臣，向他承诺效忠，“我向你承诺，只要我是你的封臣，持有你的封土，我就对你保持忠诚。”（fidelitatem, sicut tibi promise, adteneam quamdiu tuus fuero et tua bona tenuero）我们应该记得，11 世纪上半叶，沙特尔
的富尔贝宣称，“如果封臣想表明自己值得拥有其恩地的话”（si 245
beneficio dingus esse vult），他应该向封君履行援助和建议的义务。1092 年的一份特许状，列举了鲁昂大主教向法兰西国王腓力一世所承担的役务，从事这些役务的理由说得很清楚，即大主教从国王那里持有了位于韦克辛平原的封土。根据 1101 年达成的一份协议，佛兰德尔伯爵罗伯特二世成为英格兰国王亨利一世的封臣，并从他那里获得一份金钱封土；在这份协议中，伯爵所要履行的役务与他获得封土相联系：“他将忠实地援助国王亨利，视之为朋友、授其封土的封君。”[②]然而，在起源和法律上，效忠义务与役

② “regem Henricum per fidem juvabit, sicut suum amicum et dominum de quo feodum tenet.” *Gesta episcoporum Cameracensium*, Ⅲ, 40, MM. GG., SS. Ⅶ, p. 481；参见前文，原书第 134—136 页；Prou, *Actes de Philippe Ⅰ*, nº 127；Vercauteren, *Actes*, nº 30, c. 10, p. 91。

务是由契约确立的，在理论上财产因素并不包含在契约之内。

3. 封土封授与臣服礼之关系

这种事态让我们明白，12 世纪臣服礼——封臣契约中的根本行为——与封土封授之间存在的关系。封臣为获得封土而行臣服礼。

在此一时期的特许状和叙事资料中，充斥着这样的表述，诸如“某人行臣服礼”或“某人因某封土而成为封臣”。甚至一些对封土

246 惯制的实际运作了解甚深的人，也使用这些表述。譬如，蒙斯的吉尔贝尔是埃诺伯爵鲍德温五世（1168—1195 年）的忠实谋僚和大法官，也是一位既了然于法兰西情况，又熟悉德意志情况的人；他告诉我们：1172 年，伯爵为了埃诺伯国的利益，前往列日向策林根的拉乌尔主教行臣服礼（debitum pro Hanonia fecit hominium）。他还告诉我们，1173 年，圣奥伯特的吉勒斯及其子“为了比西尼城堡，向封君埃诺伯爵行绝对臣服礼”。[③] 这种现象实际上非常普遍。此举两例，一个出自勃艮第南部地区，另一个出自图卢兹地区。1096 年或 1124 年的一份特许状涉及马孔的圣文森教士会授予的封土，说获得封土的封臣“为恩地而行臣服礼及宣誓效忠”（pro hoc beneficio… hominium et fidelitatem iuravit）。布吕吉耶的庞斯·贝伦加尔是图卢兹圣塞尔南道院长的封臣，1128 年，他

③ “de ipse castro domino comiti… fecerunt hominium ligium.” Gislebert de Mons, *Chronique*, c.68 et 75, pp.108 et 115.

在一份特许状中声明:“为了他所获得的作为封土的庄园,他向院长行臣服礼,成为封臣。”[④]我们在 13 世纪的法律文献里可以看到,这一关系甚至渗透到实际的臣服礼仪式之中。如,布拉克顿这 247
样描述臣服礼仪式:“因为我从你那里持有封土,所以我是你的人”(devenio homo vester de tenement quod de vobis teneo),这位作者又提到“必须行臣服礼的封土”(tenementum per quod obligatur ad hominium)。[⑤]

4. 效忠誓言与封土封授之联系

在朗格多克和勃艮第-阿勒斯王国有几个实例,文献似乎表明,封土封授或持有封土与封臣效忠宣誓之间存在着联系;从许多包含效忠宣誓的特许状看,这一点是不言而喻的。[⑥] 然而,是宣誓效忠还是行臣服礼,在每一种情况下,都涉及特定的封土。

5. 附属于封土的封臣役务

在封土-封臣关系中,财产因素所获得的优势地位,也由一个现象看得很清楚,这就是:封臣对封君承担的役务越来越被认为是

④ “pro omni cetero honore qui est de ipso fevo… est homo ipsius abbatis manibus junctis.” C. Ragut, *Cartulaire de Saint-Vincent de Macon*, Macon, 1864, n° 567; Douais, *op. cit.*, n° 261.

⑤ *De legibus*, f°s 80 – 80b, éd. Woodbine, Ⅱ, p. 232 et 233.

⑥ 见前文,原书第 139 页及注 29。

由封土决定的役务，至少是对封土的回报。1224 年来自埃诺的一本未版文献提到“为前述封土我须负担的役务”（omne servicium
248 in quo dictum feodum mihi tenebatur），已使这种情况非常明朗。甚至在 12 世纪，蒙斯的吉尔贝尔就已经经常使用这样的表达：“城堡的主人，因为他持有一些封土，所以必须定期在蒙斯承担守护城堡的役务。”⑦

役务与封土之间的联系，可以在一定程度上解释存在于法兰西南部和勃艮第-阿勒斯王国的封土-封臣关系中的一些反常风俗，尤其是没有役务，或役务极少，甚至不存在臣服礼，因为封臣持有“自由封土”。⑧

6. 封土作为封臣义务的原因

教会法学家、罗马法注释家和后期注释法学家引出合同义务的“原因”理念时，将它界定为 id quod inducit ad contrahendum，即由直接目的而产生的义务，将它视为契约中的必要因素。这一原则应用于这些封土-封臣关系时，这些关系的“实现”便达到了一个新阶段。实际上，早在 13 世纪，在双务契约（contrats synallagmatiques）案例中，当事人一方履行义务的“目标”被认为是另一方
249 履行义务的“原因”。同样，如果其中一方没有尽到义务，另一方的

---

⑦ “dominus castri, qui pro quibusdam feodis continuum in Montibus debebat stagium.” Didier, *Droit des fief*, p.68, n.36；Gislebert of mons, *Chronique*, c.41, p.74.

⑧ 见前文，原书第 138、157、198 页。

义务就缺乏“原因”，因而无效。当这个原则被运用于封土-封臣关系时，人们普遍认为，封臣义务的“原因”不是他期望从封君那里得到豢养与保护，而是封土的授予及封君已经提供的保护——这一点是从当时普遍存在的习俗中推论出来的。从这一观点出发，可以很容易做出推论，即不包含授地内容的封臣契约所确立的义务，是缺乏“原因”的，因而是无效的。这个危险促生了这种风俗，即在臣服礼仪式中一定要提到封土；如果这一危险不存在，它肯定有助于臣服礼更频繁地举行。

按照意大利罗马法注释家马丁·德·法诺的成例，13 世纪法兰西杰出的后世期注释法学家居列尔姆·迪朗杜建议，有关臣服礼的文献应正式宣明，封土之授予乃是封臣活动的“原因”：“我做此承诺，是因为你已授予我及继承人这样一份地产，只要我们是你的封臣，你就如此行事；还因为你已答应保护我及我的人，不受所有人侵害。”⑨

7. 封土-封臣关系“实现”的其他现象 250

对封臣制和封土的研究，让我们看到许多征象，如封臣不履行义务时，扣押或没收封土成为正常的制裁措施；封土可以继承，可以转让；绝对臣服礼的多重性，等等。这些现象表明封土-封臣关

⑨ “hoc ideo promitto quia talem rem mihi et heredibus meis concessisti, donec sub tuo dominio steterimus et insuper me ac mea defendere contra omnem hominem promisisti.” *Speculi Gulielmi Durandi... pars tertia et quarta*, Lyon, 1532, f° 119 v.; Liber Ⅳ，特别是 Ⅲ，*De feudis*, 12。

系逐渐得以“实现”。甚至可以说，13 世纪时，地产因素成为了封土-封臣关系的首要因素，虽然这个进程在各地速度不同，程度各异。依据封臣获得的封土来称述封臣的词汇频繁使用，也是特有现象。如果说 homo feodalis 这个词在 11 世纪时已经出现，[10]那么像 feodatarius、feodatus[11]（形容词、分词充当名词）、homo feodarius[12]、homme de fief[13]、Lehnsmann、Leenman 这类词语的广泛使用，便突出了这个事实，即在当时人的普遍观念中，封臣地位的根本因素在于他持有封土这个事实。而且，我们已经看到，在这一点上，法学理论与当时人们的观念是一致的。

251 8. 臣服与效忠作为获得封土的必要条件

在这些条件下，封臣的人身契约几乎变成了获得封土的预备性的必要仪式。所以，人身契约所具有的重要性大大降低了。毫无疑问，在整个这一时期，封臣的忠诚，特别是那些比较重要的封臣的忠诚，从来就是不可靠的。但是，至少在理论上，这是最严格的一种人身义务；如果这种义务没有能履行，封臣的个人荣誉会受

---

⑩ 一个特许状所载的 1066—1087 年的英国实例，见 C. Douglas, *A charter of enfeoffment under William the Conqueror*, English Historical Review, t. XLII, 1927, p.247。

⑪ Suger, *Vie de Louis VI le Gros*, c.26, p.184.

⑫ 复数形式，见于 Ivain d'Alost 特许状，a° 1144，I. L. A. Diegerick, *Inventaire analytique… des chartes… appurtenant à l'ancienne abbaye de Messines*, Bruges, 1876, n° 7。

⑬ 已见于 Beaumanoir, *Coutumes de Beauvaisis*, I, n°23, p.27。

到损害。不过，当忠诚附属于可转让的地产，而不是附属于那些难以让渡的地产——这些地产在过去只是为了便于得到封臣役务——时，它实际上已不再是人身义务，而成为了待价而沽的商品。[14] 其结果是，忠诚失去了稳定性，乃至其存在的理由。

⑭ 马克·布洛赫传神而恰如其分地指出了这一点。见 Marc Bloch，*Société féodale*，Ⅰ，p.234。

253 # 第四章　封土-封臣关系与国家政权

1. 封土与“司法”

在弄清10—13世纪封土-封臣关系在国家结构中的地位之前，需要回答一个根本性的问题，即封土的封授一定带有“司法”权利的封授吗？如果记得justicia所包含的内容远过于现在justice一词，要对这个问题做出一个回答，显然是困难的。它涉及警察以及其他职能——我们今天视之为纯粹的行政职能——如商货流通征税权（拉丁语teloneum、法语tonlieu）、市场管理权、市场交易征税权，等等。

在法国旧制度存在的最后几个世纪里，由于对封土-封臣制度
254 的本质有着出色理解，大多数法学家都曾涉及这一问题，其结论是否定的。17世纪初，安托万·卢瓦泽尔（Antoine Loisel）写道：“封土，管辖权和‘司法权’没有任何共同点”，[①]这句话此后被其他法学家所复述，最终成为普遍接受的格言。它不独适用于法兰西。

---

① “Fief, resort et justice n’ont rien de commun ensemble.” *Institutes coutumières*, Ⅱ, Ⅱ, 42, éd. M. Reulos, Paris, 1935, n° 257, p. 47.

实际上，在封土-封臣关系中，无论是从人身角度，还是从财产角度，都没有任何东西要求接受封土封授式的封臣一定可以在封地内行使裁判权；甚至也没有任何东西要求封臣可以代表封君或更高一级的封君行使这样的裁判权。这样的事有可能发生，也确实经常发生，即一个人除土地外还被赋予公共权利，尤其是被赋予领地内，甚或领地外的“裁判权”。在13世纪的德意志，土地封授与司法权的封授之间是划定界限的，至少就“高级裁判权”而论是如此——“高级司法权”涉及最严厉惩罚的刑事裁判权，涉及身份和土地财产行为的民事裁判权。在13世纪初，《萨克森法鉴》仍然坚持规定，为了行使“高级司法权”，伯爵和高级诉讼代理人应该获得国王的特别授权（Bannleihe）。② 更具特色的是，我们发现， 255
在德意志封建化最强烈的洛塔林吉亚，土地封土和“司法”封土之间的区别，在1196年前后的埃诺伯爵领仍是很活跃的观念：蒙斯的吉尔伯尔记载1071年的事件——这些事件使埃诺伯爵领成为列日教会的封土属国——时，煞费苦心地区别了伯爵从前的自主地产（此时被当作封土持有）与公共职位（此时也被当作封土持有）；最后谈及了蒙斯的圣-沃德茹世俗修道院院长职位与诉讼代理人职位及埃诺伯爵领的“司法”。③ 而在法兰西，这种区别肯定很早就已消失，因为它没有在文献中留下痕迹。封君是自主地主

② *Landrecht*, Ⅰ, 59, 1, Ⅱ, 12, 6, éd. K.-A. Eckhardt[2], Göttingen, 1955, pp.114 et 138.

③ “abbatiam et advocatiam Montensis ecclesie et justiciam comitatus Hanoniensis.” Gislebert de Mons, *Chronique*, c.8, pp.11–12.

人时，“司法”有时候也属于封君，封臣在封土内不享有“司法”权利；并不鲜见的情况是，封土内的“司法权”既不属于领有这块封土的封臣，也不属于封土所由来的封君，而是属于诸侯或第三方封君。这说明，在法兰西，作为公共职权的司法权比财产可能更少发生分裂，通常是以不同方式发生分裂。的确，在一些地方（如13世纪的博韦地区）④，每一块封土都带有“司法”行使权，这些情况证明了“封土与司法合二为一”（fief et justice c'est tout un）的法律格言，这一格言后来被一些习惯法汇编所接受。但这些情况并不
256 典型，可用特定情况加以说明：如，自主地和自主地产主迅速、普遍地消失，在这些地区，土地封土与“司法”的行使权往往呈现出偶然的巧合。

2. 封土司法权

然而，司法权与封土-封臣关系的联系极为密切。尤其是人们通常所说的封土司法权就更是如此——封土司法权，指的是涉及封臣契约案件，涉及其条款或封土本身案件的司法权。这种司法权通常归于封君，由封君施之于封臣及封臣从他那里持有的封土。

法官的职责并不属于封土-封臣关系的本质内容；在加洛林时期的大部分时间中，封君并不是其封臣的法官。这种权力的获得，

④ Beaumanoir, *Coutumes de Beauvaisis*, Ⅰ, nº 295, p. 146 et 147, Ⅱ, nº 1641, p.340.

肯定是在9世纪末及10世纪前三十余年动荡不安、风雨如晦的岁
月中。很有可能,封君本人最初就是处理封臣及封土关系中的过
失或冲突的唯一法官,但我们看到,这种纠纷事件很早就由法庭判
决。这种现象并非以同样的方式出现在各地。在法兰西大多数地
区,当时正在建立权威的地方诸侯以及伯爵们——这些伯爵虽处
于诸侯治下,但仍然保留了一定的自治权——都建立起各自的法
庭(curia);这种新制度或仿自王室“法庭”,或由加洛林时期配备 257
“陪审员”(scabini)或“法官”(judices)的伯爵法庭转化而来。这种
法庭由诸侯或伯爵主持,封臣担任陪审员。可能从很早的时候,封
臣就联合起来,促使诸侯或伯爵将那些涉及封臣与诸侯或伯爵关
系,或封臣之间关系的案件,以及那些涉及封臣从彼处领受的封土
的案件,像更具公共性特征的案件一样送交贵族法庭(pairs、
pares)审理。其他封君也仿效诸侯和伯爵法庭建立自己的法庭,
他们的封臣自然愿意照搬这些法庭的程序;甚至那些没有行使过
其他审判权的封君也开始建立法庭,让封臣出席审判涉及封臣和
封土的案件。这些变化主要发生在10世纪。这些法庭在人员组
成、程序以及在国家或诸侯国的司法结构中的地位迥不相同,在数
世纪中经历了重大变化。譬如,在佛兰德尔,每一个城堡区都有一
些伯爵法庭裁决普通案件;在那里,至迟在13世纪初,在这些法庭
之外,伯爵在每一个城堡区都建立了地方封土法庭。这些法庭不
断扩展司法管辖权,涵盖了封土法内的大部分案件;没有这些法
庭,这些案件将被送交伯爵法庭审理。

在德意志的大部分地区,情况与法兰西完全不同。只有王室 258
法庭能够既审判普通法案件,又审判涉及国王封臣和国王所授封

土的封土-封臣法案件。在德意志的绝大部分地区，那些源自加洛林时代的公共法庭依然存在。封君们不得不建立专门法庭，审理涉及封臣和封土的案件，采用不同的法律制度，即封土法和封土法庭(Lehnrecht and Lehnsgericht)，以区别于领土法和领土法庭(Landrecht and Landgericht)。封土法庭由封君的封臣们组成，在封君主持下做出判决。在德意志的最西部地区，洛塔林吉亚诸公国，出现了一些类似于法兰西法庭的法庭。

诺曼征服后的英格兰呈现出与法兰西相同的类型：持有"荣誉地"的大封君，还有许多不太重要的封君，每人都建立了自己的法庭，这些法庭由封臣参加，审判与封臣及封土相关的案件，以及其他案件。但从 12 世纪后半期，金雀花王朝实施的策略逐步扩大了国王司法权的范围，抑制了封土法庭的作用，大大削弱了封土法庭的重要性。

各国间所有这些由封臣参加、在各自范围内对封土-封臣案件行使司法权的法庭，拥有一个共同特征。它们不是仅仅处理刑事
259 司法案件及民事诉讼案件，还行使——也许应该说主要地行使——一种"无偿的司法权"(juridicion gracieuse)：因为效忠礼与臣服礼、封土封授式、封土的放弃和转让仪式，都是在这些封土法庭上举行。可以举一个实例。迪尔克·吕弗斯是佛兰德尔伯爵的封臣，1119 年或 1120 年，他打算将一份面积为 60 个单位的封土赠给弗尔讷的圣尼古拉大教堂；这块封土是他从伯爵那里持有的，正是在伯爵法庭上，当着伯爵的封臣们的面，迪尔克把封土归还给伯爵，伯爵将这块封土作为自主地捐献给了教堂。"好人"查理的

一份特许状记载了这件事的经过。[5]

3. 国家政权架构中的封土-封臣关系

我们已经讨论了封土-封臣关系与司法权的联系，唯一有待讨论的是，国王或诸侯如何将封土-封臣关系应用于国家治理。对法兰西、德意志和英格兰而言，这个问题必须分别加以讨论。虽然封土法在这三个国家的治理中都发挥着根本作用，但方式是迥然不 260
同的。

4. 法兰西

我们可以说，迟至12世纪，封土法仍然是法兰西国王据以在王室领地以外地区行使权力的唯一的规则体系。的确，卡佩家族从未放弃过国王称号，也没有放弃以此行使不同于其他一切权位的唯一至高权威的主张，但这种主张在很长时期内纯粹是理论上的。1126年路易六世准备讨伐奥弗涅伯爵，因为他对克莱蒙主教制造麻烦。阿基坦公爵威廉十世*既是法王的封臣，又是奥弗涅伯爵的封君，他出来进行调解。他要求奥弗涅伯爵应由他传唤，出

[5] "sexaginta mensuras terre quas a me Theodoricus Ruphus... jure feodi tenuerat, coram optimatibus et principibus meis publice michi ab ipso redditas, ecclesie Furnensi Sancti Nicolai... manu propria donavi." Vercauteren, *Actes*, n° 98, pp. 223-225.

* 1957年法文版及1975年英文版均作"威廉八世"。——中译者

席王室法庭，且承诺说，届时他将保证其封臣出庭并给予支持。国王被迫放弃了征讨，同意按封土法解决问题。[6] 第二年他介入佛兰德尔公爵“好人”查理被谋杀案时，其所作所为表明他已经吸取了教训。虽然他任命了诺曼底公爵罗伯特之子威廉·克利托为新
261 伯爵，指挥军事行动征讨谋杀者及支持者，并在佛兰德尔采取一系列政治措施，但他始终小心翼翼地遵循封土法办事。

直到腓力·奥古斯都时代，乃至更晚时期，完全脱离封土-封臣基础的君主主权观念，才仅为一小部分受过教育的人所接受与认可，这些人几乎都是教士。同样，在那些地方大公国内，许多诸侯只是凭借封君对封臣享有的权威，对大部分地区行使权力。就阿基坦、勃艮第诸公爵及图卢兹诸伯爵的情况而言，这一点是很明显的，因为这些诸侯的大部分领地，实际上是掌握在那些享有很大独立性的伯爵和子爵手里。同样，那些强固的诸侯国，如诺曼底和佛兰德尔也是如此，虽然程度较轻；譬如，在11世纪和12世纪，佛兰德尔伯爵除非以封土之封君的身份，否则无法对布洛涅伯爵、吉讷伯爵、圣波尔伯爵和埃丹伯爵行使权利。甚至在直辖领地内，国王和许多诸侯（这些人不一定弱小，如安茹伯爵）之所以能控制那些拥有一个或几个城堡的较小封君，不过是因为这些封君是他们的封臣，负有服从义务。

262 法兰西诸王不断地利用来自封臣契约的权利。在10、11世纪及12世纪大部分时间内，他们最初只是在很小的范围内使用这项

⑥ Suger, *Vie de Louis Ⅵ le Gros*, c.29, éd. H. Waquet, Paris, 1929, pp.238 et 240.

权利;不管判断正确与否,只是在他们认定形势有利时才使用这项权利。从大部分地方诸侯那里,他们满足于获得宣誓效忠和臣服礼,诸侯们承认自己是封臣,当臣服原则产生时,诸侯们则承认自己是绝对封臣。后来,随着实力的增长,国王们的胆量大了起来,更加有力地运用他们的权利,甚至用来对付最强大的诸侯。最著名的例子,是1202年宣判剥夺英王约翰在法兰西的所有封土,因为他没有能履行其封臣的义务。此事为当时的编年史所记载:"于是法兰西的国王法庭开庭,做出判决,剥夺英格兰国王持有的他及其祖先此前自法兰西诸王那里持有的所有土地,因为他们已长期拒绝履行几乎所有附属于土地的役务,且在任何事情上都不愿听命于其封君。"⑦

13世纪,腓力·奥古斯都的继承者们开始建立起一套行政制
度,有效地管理财政,并拥有一支领取薪俸的官僚队伍,此时诸王 263
较之以往更加坚持其"封土"权利。到14世纪初,虽然他们几经努 203
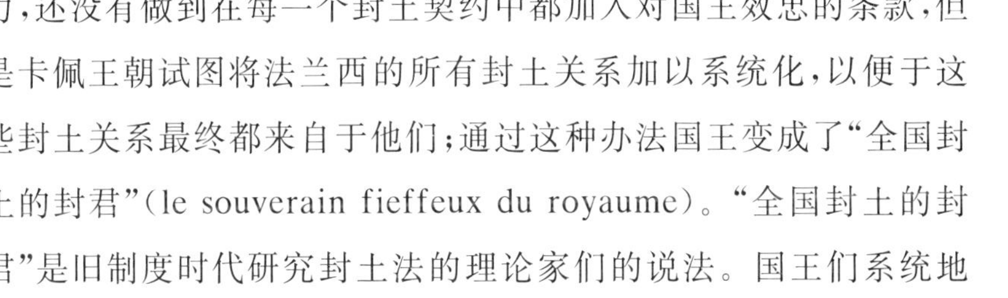
力,还没有做到在每一个封土契约中都加入对国王效忠的条款,但是卡佩王朝试图将法兰西的所有封土关系加以系统化,以便于这些封土关系最终都来自于他们;通过这种办法国王变成了"全国封土的封君"(le souverain fieffeux du royaume)。"全国封土的封君"是旧制度时代研究封土法的理论家们的说法。国王们系统地

⑦ "Tandem vero curia regis Franciae adunata adjudicavit regem Angliae tota terra sua privandum quam hactenus de regibus Franciae ipse et progenitores sui tenuerant, eo quod fere omnia servitia eisdem terris debita per longum tempus facere contempserant nec domino suo in aliquibus obtemperare volebant." Radulphus de Coggeshall, *Chronicon Anglicanum*, éd. J. Stevenson, Londres 1875, p. 136.

利用封土法赋予的每一个机会，对那些强大的诸侯采取行动，他们希望通过国王法庭的宣判，削弱这些诸侯的自治权。13 世纪佛兰德尔伯爵领和法兰西国王的关系史，很大程度上就包含了一系列此类行动。当封土法在现实中不再是国王权威的根本基础时，它仍然是国王政策的一种工具与统治手段，并且确然愈加如此。

5. 德意志

在德意志，封建主义与国家政权关系的发展，遵循的是全然不同的路线。我们已经看到，从 10 世纪到 12 世纪初，在萨克森王朝和法兰克尼亚王朝各位国王及皇帝统治之下，封土-封臣关系已经在国家结构中发挥一定作用。各公爵、大部分主教和侯爵，帕拉丁
264 伯爵和其他一些伯爵，通过封臣关系纽带与国王联结起来。但这种联系并不构成王权的基础。国王权威基于两个东西：一是遗存下来的加洛林国家组织，二是帝国教会。但 11 世纪下半叶及 12 世纪初发生的教皇和皇帝之争，削弱了王权对主教的权威，损害了整个帝国教会的结构，同时，也使得侯爵和伯爵们有机可乘，变成了雄踞一方的诸侯，其公共官员的性质几乎消失殆尽，王室权威不得不寻找其他基础。12 世纪下半叶，腓特烈·巴巴罗萨从这种事态中得出逻辑结论，并尝试在封土-封臣关系基础上重建国家。

1180 年腓特烈终于迎来了机会，萨克森与巴伐利亚公爵“狮子”亨利被宣判剥夺其帝国封土，对他的指控是，作为封臣，严重地玩忽职守，没有履行出席国王的“封土法庭”的义务。在此事件中支持国王的诸侯自然希望得到酬报，因此，新的国家组构在很大程

度是君主意愿和诸侯利益之间的妥协。从此，国王权力在很大程
度是基于新的帝国诸侯等级，即国王的那些总佃臣，这些封君本身
至少拥有两个伯爵领，这些伯爵领或由他们直接控制，或者由他人
作为封土持有。这意味着，除了少数例外，在世俗诸侯中，这个新 265
的帝国诸侯等级（Reichsfürstenstand）限于公爵和侯爵。此外，还
建立起一套非常严格的封君-封臣等级制度，其中国王处于顶端，
底部则是农奴骑士（Heerschild）；承认帝国诸侯享有特权位置，禁
止封臣从低于自己等级的封君那里领受封土，违反此规定者接受
惩罚，自贬到更低的等级。虽然不能说，皇帝或国王承担了在一年
零一天内再次分封帝国封土（Reichslehen）、变成无地者的绝对义
务即强制封授（Leihezwang）的义务，但留在国王手中的封土越来
越少。旁系亲属对继承权要求的扩展，同一家族内缔结的继承协
议，以及获得国王或皇帝同意这些做法的可能性，所有这些因素与
其他一些缘由一起发挥作用，如果不是在法律上，也是在实践上，
使王权再封授封土成为越来越普遍的风俗。这使得建立或发展国
王或王朝的重要辖区即使不是不可能，也是极为困难。德意志已
经完全封建化；霍亨斯陶芬家族及后继者无力控制那些已经急剧
形成的公共机构：这就是地方大诸侯国。近现代的德意志国
家——特别是其中的主要国家奥地利、巴伐利亚、普鲁士等——是 266
由这些大诸侯国发展而来。

6. 英格兰

在英格兰，封建主义和国家政权之关系的发展表现出一些独

特性。它与德意志的形势相反；虽在很多方面与法兰西相似，但仍有一些明显的区别。

在诺曼征服以前的9、10、11世纪中，英格兰社会已熟悉一种叫作“塞恩制”(thegnage)的人身依附关系，它在许多方面接近封臣制；依附于国王且约定侍奉国王的“塞恩”近似于封臣。在欧洲大陆，11世纪时已出现封臣与其他为封君提供役务的自由人之间的区别，但此时的英格兰，塞恩阶层不仅包括王室塞恩，还包括教俗豪强属下的许多自由但地位非常低下的仆役。此外，塞恩从国王手中接受授予的土地，拥有完全所有权而不是有条件的佃领，所以这种土地持有与大陆的封土迥不相同。“塞恩制”的存在也许有利于封建制度的引入，但塞恩制与封建制之间没有任何连续性；同样，1066年之前英格兰存在的佃领地与后来的封土没有任何共同点。

267 英格兰封建主义是1066年诺曼征服的产物。诺曼底公国存在的封土-封臣关系由征服者威廉传入英格兰；不过，这不妨碍英格兰的封建主义迥异于诺曼底的封建主义。英格兰的封土-封臣关系是由最初的盎格鲁-诺曼国王以最完全的方式发展起来的，但却是服务于王权要求的。

我们知道，威廉及其继承者已经拥有“私家骑士”。[⑧] 但在第一位诺曼国王在位期结束前，这与封授恩地的封臣相比已是微不足道。正是从这里，封建组织获得了它的系统特点：整个土地为国王所独揽，自主地产——所有者可行使充分且无限制所有权的土地——是不存在的；“教会自主地”(frankalmoign)在其他国家被

⑧　见上文，原书第162页。

视为特权形式的自主持有地，在英格兰则被视为一种承担祈祷义务的佃领地。所有土地都被视为直接或间接地自国王领有：不存在法兰西意义上的封土（骑士封土、陪臣封土、管家封土），任何持有形式最终都不能独立于国王。为了消弭封臣之封臣被总佃臣利用来反对国王造成的威胁，征服者威廉于1086年在索尔兹伯里集会上强迫总佃臣的所有重要封臣向国王举行臣服礼并宣誓效忠。268
类似的效忠誓言1087年向威廉·鲁弗斯举行，1100年向亨利一世举行。这些宣誓行为背后蕴藏的理念随后受到绝对臣服观念的影响，人们逐渐将所有宣誓者都称作国王的绝对封臣。在亨利一世时代，封臣誓言中对国王的效忠誓言要特别保留，成为一条普遍的法规。封臣的军事役务，特别是封臣需要提供的骑士数量，依王室军队的需要而定。最后，除了封土司法权和“低级司法权”，任何封土持有者都不能行使完全司法权即行政职权（这种权力包括在中世纪的“司法”概念之中），如果他曾经拥有这些权力，则不能长期保持之；不受此规则限制的，是苏格兰、威尔士边境及英吉利海峡沿岸那些持有“荣誉地”的男爵，特别是那些享有王权的伯爵领(palatinats)的首领们，如，在蒂斯河和泰恩河及海峡岸边之间的达勒姆伯爵领的主教与伯爵。在金雀花王朝时期，尤其是12世纪下半叶亨利二世统治时期，国王政策的方向，是进一步限制封土-封臣关系在国家中的位置，另一方面是，采取新办法来利用这些关系为国王的行政体制服务。国王司法权的推进逐渐限制了“荣誉地”持有者的司法职权，并在实质上侵蚀了封土法庭的作用；兵役免役税——以金钱支付取代封臣的军役——的推行，使国王越来越不再依靠封土征兵；同时，用这笔钱豢养自己的军队。国王约翰 269

治下大贵族策划的阴谋以及1215年迫使这位君主签署的《大宪章》所显示的封建运动，均无法阻挡这个发展趋势。

7. 结论

我们已经简单考察了10—13世纪西欧三个主要国家中封建主义和国家政权的关系，从这种考察中可以得出一个结论，即封土-封臣诸惯制并不必然是国家积弱之源。有人正确地指出，“封臣制和君主制远非不相容的制度”。[9] 封土法中存在着可以发展国王权威的因素。法兰西和英格兰的君主成功地利用这些因素为己谋利；而在德意志，不同的环境导致封臣权利非正常发展，成为王权的对立物。正是历史的偶然事件，决定了这种制度体系在每个国家、每个社会中发挥作用的方向与方式。

⑨ F. Oliver-Martin, Les liens de vassalité dans la France médiévale, 载 *Societé Jean Bodin. I. Les liens de vassalité et les immunités*, 2e éd., p. 217；亦见 H. Mitteis, *Lehnrecht und Staatsgewalt*, pp. 4-5。

结　　语 271

1.13世纪以后的封土-封臣惯制

封土-封臣诸惯制在西欧一直持续到旧制度末期，在一些国家，其中的一些因素一直存留到19世纪甚至20世纪。但从13世纪末，在西欧各国，这些制度已不再是一个国家一个时代的政治制度及社会结构中的最基本的典型因素。

封土仍然存在。从私法的角度看，封土不过是一种特殊地产而已；其转让伴有一些法律形式，并按照一些特殊规则来进行，从封臣的军事役务不再需要，或只是偶尔需要之时起，封土持有者在某些特殊情况要缴纳实物。封土-封臣关系中人身因素有时变成纯附属性的东西：臣服礼和效忠宣誓不过是一定时限内完成的一
些礼仪，为的是一个人合法地拥有“封土”；尤其是，臣服礼的结果 272
是为了得到一份役务！附属在封土所有权上的有效权利，以及封土赋予持有者征收捐税的权利，促使封君发展出有关封土的书面文件，如“效忠书”（aveux）和“点计册”（dénombrements），以及“封土记事簿”（livres de fiefs）或“封臣记事簿”（livres de feudataires）中的记录。完成封土持有权变更的文书，各方在封土权利

上的冲突所引起的法律纠纷，使那些由封臣参加的封土法庭和胜任这些事情的审判庭，变得更加重要。

与这些变化并行的，是封土持有者的人员变化。13世纪以后——无疑在更早时期，但尤其是在随后的世纪——市民出身的人员与贵族一起获得了封土；这些人数量众多，法兰西因此引入了一种相当沉重的财产转移税，即自由封土税(droit de franc-fief)。对中层或低层人员而言，获得封土成为可望跻身更高社会等级的常见办法。这是因为：在极常见的情况下，在一些地区，封土构成封君资格，带给封土获得者某种司法行使权，以及一系列有效权利及荣誉特权。

在公法方面，封土-封臣各惯制在很长时期内仍具有某种程度的重要性。直到中世纪晚期，这些制度是国家政权与国家统治者想获取的领土之间建立联系的有力手段，也是国家政权与存在独
273 立险情的领土之间保持联系的手段。这方面一个典型的例子，是“好人”腓力*到查理五世时期，佛兰德尔及阿图瓦与法王之间的关系。在德意志，在中世纪晚期和近代早期，封土-封臣法发挥了重要作用，决定了众多小诸侯乃至帝国骑士(Reichsritter)与帝国之间的关系——此时的帝国已经是一个有名无实的政治组织。对帝国的直接依赖通常是自保的好方法，可以抵御卢森堡、哈布斯堡、维特尔斯巴赫、霍亨索伦这样的家族建立的德意志大诸侯国的兼并。16—18世纪有关这些小诸侯地位的冲突促生的无穷尽的

---

* “好人”腓力(Philippe le Bon，1396－1467)：瓦卢瓦王朝的第三代勃艮第公爵(1419—1467年在位)。——中译者

诉讼案件，交由帝国最高审判庭（Reichskammergericht）审理。另外，封土-封臣关系的存在，也不止一次为欧洲大国提供了发动征服战争的借口；譬如，路易十四统治之下，和解法庭（Chamber de Réunion）的主要活动之一，就是进行政治利益的检核。

最后，我们已看见，封臣承担为封君提供建议的义务，导致了由封臣出席的法庭的产生，这些法庭发展成为许多国家的最高审判庭：如“巴黎高等法院”（Parlement de Paris）和法兰西的其他几个“高等法院”，佛兰德尔的参议会（Raad van Vlaanderen），等等。封臣为封君提供建议的职责，以及要求封君做任何重要决定时征询封臣意见的习惯，在中世纪最后三个世纪中，对于“三级会议”以及其他代表特定社会等级的组织的形成，发挥了重要的作用。英 274
国议会本身的起源尤其与此直接有关。

甚至还有一些具体的封土仪式存留下来：在今日的海峡诸岛，总佃臣仍然向其封君宣誓效忠并行臣服礼。

2. 封建主义的遗产

封建主义甚至跨越几个世纪留下了一些遗产：不仅有一些制度，还有一些遗产存留于我们的行为、思想、情感与表达理念的方式中。我们几乎意识不到这笔遗产，但它确实存在。我们是否意识到，一个法国佬向一个女人“致敬”（ses hommages）时，实际上是表示自己是她的封臣？一个荷兰佬或一个佛兰德尔人说他支持某人或某事（met raad en daad）时，他是在承诺类似于封臣承担的“援助和建议”的义务？我们是否意识到，军人职业所具有的尊严，对自由订立之协议所具有的约束力的信仰，如果一个命令不见容于一个自由人身份之尊严则不必遵从的信念，所有这些都来自于封建主义？“忠诚”将封君和封臣联系在一起，在西欧社会至今仍对忠诚美德的高度重视，这一点可直接追溯到从前赋予“信义”的神圣性。

参 考 书 目

该书目仅供读者进一步阅读之用，不敢妄称完备。不包括注释提及的原始文献。

1. 惯制比较史中的封建主义

O. Hintze, *Wesen und Verbreitung des Feudalismus*, Sitzungsberichte der Preussischen Akademie der Wissenschaften (Berlin), Phil-Hist. Klasse, 1929;（通论性概要，以知识广博及思想的把握见长）。

Les liens de vassalité et les immunités, 2e éd. Brussels, 1958. *Recueils de la Societe Jean Bodin*, Ⅰ, 2e éd. Brussels. (J. Pirenne, Égypte; G. Cardascia, Babylonie; H. Maspero, Chine; A. Gonthier, Japon; P. Wittek, monde musulman; F. L. Ganshof, monarchie franque; Fr. Oliver-Martin, France; L. de Valdeavellano, Espagne; A. Eck, Russie).

Feudalism. M. Bloch, *European*; A. H. Lybyer, *Saracen and Ottoman*; O. Franke, *Chinese*; K. Asakawa, *Japanese*; ds *Encyclopaedia of the Social Sciences* edited by E. R. Seligman and A. Johnson, Ⅵ, Londres, s. d. (1932).

R. Coulborn, *Feudalism in History*. Princeton (N. J.), 1956 (A. L. Kroeber, Introduction; J. R. Strayer, Western Europe; E. O. Reischauer, Japan; D. Bodde, China; B. C. Brundage, Ancient Mesopotamia and Iran; W. F. Edgerton, Ancient Egypt; D. Throner, India; E.-H. Kantorowicz, Byzantine Empire; M. Szeftel, Russian, R. Coulborn, Conclusion).

F. Joüan des Longrais, *L'Est et l'Ouest. Institutions du Japon et de l'Occident comparées*. Tokyo et Paris, 1958.

Studien zum mittelalterlichen Lehenswesen, Lindau et Konstanz, 1960. Vorträge und Forschungen herausgegeben... von T. Mayer, V. (F. L. Ganshof, monarchie franque; W. Ebel, K. Bosl, E. Klebel: Allemagne; L. Buisson : monde normand; F. Dölger, Byzance; W. Weiszäcker, Pays sudètes; M. Hellmann, Russie).

2. 封建主义通论

J. Calmette, *La société féodale*. 4e éd. Paris, 1938(Armand Colin 收藏);(清晰而可靠的概要)。

H. Mitteis, *Lehnrecht und Staatsgewalt*. Weimar, 1933;关于西欧与中欧封土-封臣制的最杰出的著作,见 W. Kienast, *Lehnrecht und Staatsgewalt im Mittelalter* 一文的附录,载 *Historische Zeitschrift*, clviii,1938。

M. Bloch, *La société féadale*. Ⅰ. *La formation des liens de dépendence*. Ⅱ. *Les classes et le gouvernerment des hommes*; Paris, 1939 – 1940, 2 vol. (L'Évolution de l'humanité) noun. éd., 1 vol., Paris, 1968;(现代最杰出的历史著作之一,研究当时社会大背景下的封建主义;基于极广泛资料的精深研究;参考书目极佳)。

C. Stephenson, *Medieval Feudalism*. Ithaca, 1942.(面向美国读者的通俗性概论)。

IXe *Congrès International des Sciences Historiques*, Paris, 1950. Ⅰ. *Rapports*. (R. Boutruche, C. Cahen, P. Dollingei and Y. Dollinger-Leonard, pp. 417 – 471 论中世纪惯制研究,尤其是 pp. 440 – 447 讨论最近一些著作所涉及的封建主义。)

R. Boutruche, *Seigneurie et féodalité*. Ⅰ. *Le premier âge des liens d'homme à homme*, 2e éd. Paris, 1968. Ⅱ. L'Apogée (Ⅺe – ⅩⅢe siècle), 1970(资料充实)。

J. R. Strayer, *Feudalism*, Princeton, 1965; bon aperçu général avec un choix bien fait de sources en traduction anglaise.

3. 起源及法兰克时期

A. Dopsch, *Beneficialwesen und Feudalität*, Mitteilungen des Oesterreichischen Instituts für Geschichtsforschung, xlvi (1932), pp. 1 – 36.

F. Lot, "Les Transformations de la société franque. Avènement du régime vassalique", 载 Lot, F., Pfister, C., and Ganshof, F. L. *Les destinées de l' Empire en Occident de* 395 *à* 888 2e éd. Paris, 1940 – 1941. (G. Glot 指导下出版的 *Histoire générale*, *Histoire du Moyen Âge*, Ⅰ)

H. A. Cronne, "The Origins of Feudalism", 载 *History*, xxiv, 1939 – 1940; 评论概要。

C. Stephenson, "The Origin and Significance of Feudalism", 载 *American Historical Review*, xlvi, 1940 – 1941, 并收入作者的论文集 *Medieval Institutions*. Ithaca, 1954。

C. Sánchez-Albomoz, *En torno a los origenes del feudalismo*, Mendoza (Argentine). 1942, 3 vol.

C. Sánchez-Albomoz, *El "stipendium" hispano-godo y los origenes del beneficio prefeudal*. Buenos Aires, 1947.

C. Sánchez-Albomoz, "España y el feudalismo Carolingio", 载 *I problemi della civiltà Carolingia*. Spoleto, 1954 (Settimane di Studi del Centro Italiano di Studi sull'Alto Mcdiocvo, i, 1953.)

P. Merea, "Precarium e Stipendium", 载 Boletin de Faculdade de Dirieto, Coïmbra, XYXV (1960)。

P. -S. Leicht, *Gasindi e Vassali*, Reale Academia Nazionale dei Lincei. Rendiconti della Classe di Scienze morali, storiche e filologiche, 1927.

P. -S. Leicht, "L'introduzione del feudo nell'Italia franca e normanna", 载 Rivista di scoria del diritto italiano, xii (1939)。

P. -S. Leicht, "Il feudo in Italia nell'età Carolingia", 载 *I problemi della civiltà Carolingia*. Spoleto, 1954 (Settimane di Studi del Centro Italiano di Studi sull'Alto Medioevo, i, 1953)。

E. Lesne, *Histoire de la propriété ecclésiastique en France*, Paris and Lille, 1910 – 1943. Six vols. in 8 parts. (第 1 卷及第 2 卷的第 1—3 部分非常重

要，论述法兰克统治时期封土-封臣制与教会财产的关系）。

J.Schur, *Königtum and Kirche im ostfränkischen Reiche vom Tode Ludwigs des Deutsehen bis Konrad I*. Paderbom, 1931.

F. Lot, "Origine et nature du bénéfice", 载 Anuario de historic *del derecho* Español, x, 1933。

H. Krawinkel, *Untersuchungen zum fränkischen Benefizialrecht*. Weimar, 1936.

F. L. Ganshof, "Note sur les origines de l' union du bénéfice avec la vassalité", 载 *Études d'histoire dédiées à la mémoire de Henri Pirenne*, Bruxelles, 1937。

F. L. Ganshof, "Benefice and vassalage in the Age of Charlemagne", 载 *Cambridge Historical Journal*, Ⅵ, 1939。

F. L. Ganshof, "L' origine des rapports féodo-vassaliques. Les rapports féodo-vassaliques dans la monarchie franque au nord des Alpesà l' époque carolingienne", 载 *I problemi della civiltà Carolingia*. Spoleto, 1954 (Settimane di Studi del Centro Italiano di Studi sull'Alto Medioevo, i, 1953)。

F. L. Ganshof, "Les liens de vassalité dans la monarchie franque", 载 *Les liens de vassalité et les immunités* (voir plus haut, sous I, p.275)。

F. L. Ganshof, "Das Lehnswesen im fränkischen Reich. Lehnswesen und Reichsgewalt in karolingischer Zeit", 载 *Studien zum mittelalterlichen Lehenswesen* (voir plus haut, sous I, p.276)。

F. L. Ganshof, "Charlemagne et le serment", 载 *Mélanges d'histoire du Moyen Âge dédiés à la mémoire de Louis Halphen*. Paris, 1951。

F. L. Ganshof, "la juridiction du seigneur sur son vassal à l'époque carolingienne", 载 *Rerue de l' unirersité de Bruxelles*, 1922。

F. Lot, "Le serment de fidélité àl'époque franque", 载 *Revue belge de philologie et d' histoire*, xii 1931。

C. E. Odegaard, "Carolingian oaths of fidelity", 载 Speculum, 1941。

C. E. Odegaard, *Vassi and fidelesin the Carolingian Empire*. Cambridge

(Mass.), 1945.

J. DEVISSE, *Essai sur l' histoire d' une expression qui a fait fortune* : consilium *et* auxilium *au* Ⅸ^{e} *siècle*, Le Moyen Âge, 1968.

4. 不同国家的封建主义 *

(1)德意志

G. Waitz, *Deutsche Verfassungsgeschichte*. Ⅱ, 1, 3e éd., Kiel, 1882, Ⅳ, 2e éd., Berlin, 1885, Ⅵ, 2e éd., revue par G. SEELIGER, Berlin, 1896;注释引用的文献尤有价值。

H. Brunner, *Deutsche Rechtsgeschichte*, Ⅱ. 2e éd., revue par C. Freiherr von Schwerin, Munich-Leipzig, 1928; 对法兰克时期的封土-封臣惯制有出色的论述。

R. Schroeder, *Lehrbuch der deutschen Rechtsgeschichte*. 7e éd., revue par E. Freiherr von Künszberg, Berlin-Leipzig, 1932. 对"法书"(Rechtsbücher)** 时期的德国封建制的论述极有价值。

R. Huebner, *Grundzüge des deutschen Privatrechts*. 5e éd. Leipzig, 1930.

G. Tellenbach, (éd.) *Studien und Vorarbeiten zur Geschichte des grossfränkischen und frühdeutschen Adels*. Freiburg i. Br., 1957.

W. Ebel, *Über den Leihegedanken in der dcutschen Rechtsgeschichtc*, 载 *Studien* zum *mittelalterlichen Lehenswesen* (见上文,原书第 276 页)。

K. Bosl, *Dienstrecht und Lehnrecht im deutschen Mittclaltcr*, Le même recueil que l'ourrage précédent.

E. Klebel, *Territorialstaat und Lehen*, Le même recueil que l' ourrage

* 拉丁东方的封建主义不在本书研究范围之内,故本书目不做处理。对这个问题的出色论述,见 J. Prawer, *Les premicrs temps de la féodalité dans le royaume latin de Jérusalem*, Tijdschrift voor Rechtsgeschiedenis, xxii, 1954, 以及 *La noblesse et le regimc féodal du royaume latin de Jerusalcm*, Le Moyen Age, 1959。作者以西欧封建主义为参照重新探讨了其地位。——英译者

** "法书"(Rechtsbücher,即 books of law)包括《萨克森法鉴》《施瓦本法鉴》等,1200—1500 年这一法律历史发展时期被称为德国的"法书时代"。——中译者

précédents.

(2)英格兰

C. Petit-Dutaillis, *La monarchie féodale en France* et *en Angleterre*, *X^e – XIIIe siecle*. Paris, 1933; E. D. Hurst 英译,题作 *The Feudal Monarchy in France and England from the 10th to the 13th century*, London, 1936; 尤以对英格兰封土-封臣各惯制的论述见长。

F. Pollock, et Maitland, F. W. *The History of English Law Before the Time of Edward I*, 2 vols. 2e éd. Cambridge, 1898; 高级发展阶段上的封土-封臣各惯制。

T. F. T. Plucknett, *A Concise History of the Common Law*. 5e éd. London, 1956.

J. E. A. Jolliffe, *The Constitutional History of Medieval England from the English Settlement to 1485*, 2e éd. London, 1947. 也参见 H. M. Cam 博士在 *English Historical Review*, liv (1939) 发表的对第一版的重要评论。

J. H. Round, *Feudal England*, London, 1895; 一部彻底修正传统观点的著作。

F. M. Stenton, *The First Century of English Feudalism*, 2e éd., Oxford, 1961; 创造性的深入研究,使我们获得稳固的英格兰封建制知识。

F. M. Stenton, *Anglo-Saxon England*, 2e éd., Oxford, 1947("The Oxford History of England");研究盎格鲁-撒克逊社会晚期向盎格鲁-诺曼封土-封臣惯制过渡时期的重要著作。

D. M. Stenton, *English Society in the Early Middle Ages*, 2e éd., Harmondsworth, 1952 (The Pelican History of England).

C. Stephenson, "Feudalism and its Antecedents in England",载 *American Historical Review*, xlviii, 1943 – 1944。

F. Joüon des Longrais, *La Conception anglaise de la saisine du* Ⅻ^e *au XIVe siècle*. Paris, 1925.

F. Joüon des Longrais, "La Tenure en Angleterre au Moyen âge",载 *Société*

Jean Bodin. Ⅲ. *La tenure*. Bruxelles, 1938。

D. C. Douglas, "The Norman Conquest and English Feudalism",载 *Economic History Review*, ix, 1939。

D. C. Douglas, *William the Conqueror*, London, 1964.

C. Warren Hollister, "The Norman Conquest and the Genesis of English Feudalism," 载 *The American Historical Review*, LXVI, 1961。

T. F. T. Plucknett, *The Legislation of Edward Ⅰ*. Oxford, 1949.

H. G. Richardson and G. O. Sayles, *The Governance of Mediaeval England from the Conquest to Magna Carta*. Edinburgh, 1963;亦见 R. C. VAN CAENEGEM, Le Moyen Âge, 1966 的重要评论。

(3)比利时

N. Didier, *Le Droit des fiefs dons la coutume de Hainaut au Moyen Âge*. Paris, 1945;可以充当地方研究范本的专题研究。亦见 *Revue du Moyen Âge latin*, i, 1945 发表的 R. Latouche 的重要评论。

L. Genicot, *L'économie rurale namuroise au bas Moyen Âge* (1190－1429), Ⅰ, Namur, 1943, Ⅱ, Louvain, 1960.

E. WARLOP, *De Vlaamse adel vóór 1300*, Handzame, 1968, 2 vol.

(4)苏格兰

G. W. S. Barrow,"The Beginnings of Feudalism in Scotland",载 *Bulletin of the Institute of Historical Research*, xxix, 1956。

(5)西班牙

L. G. Valdeavellano, de, "Las instituciones feudales en España", 载 F. L. Ganshof, *El Feudalismo*, Barcelone, 1963。

(6)法兰西

P. Guilhiermoz, *Essai sur les origines de la noblesse en France au Moyen Âge*, Paris, 1902;深入且高度个性化的研究,基于广博的文献。

A. Luchaire, *Manuel des institutions françaises. Période des Capétiens directs*, Paris, 1892.

A. Esmein, *Cours élémentaire d'histoire du droit français*, 15e éd., revue par R. Génestal. Paris, 1925.

J. Declareuil, *Histoire générale du droit français des origines à 1789*, Paris 1925.

E. Chénon *Histoire générale du droit françaispublic et privé des origines á 1815*, I; Ⅱ, 1 publié par OLIVIER-MARTIN, Paris, 1926–1929.

Fr. Olivier-Martin, *Histoire du droit français des origines à la Révolution*, Paris, 1948.

Fr. Olivier-Martin, *Histoire de la coutume de la prévoté et vicomté de Paris*, Paris, 1922–1930, 2 vol, 3 parts;特定区域框架内封土-封臣制发展史,叙述要言不烦,观点明晰。

Fr. Olivier-Martin, *Les liens de vassalité dans la France médiévale*, *Société Jean Bodin*. I. *Les liens de vassalité et les immunités*; 2e éd. Bruxelles, 1958.

H. Lagouelle, *Essai sur la conception fodale de la propriété foncière*. Caen, 1902;讨论诺曼底的情况。

R. Carabie, *La propriété foncière dans le très ancien droit normand*. Ⅰ. *La propriété domaniale*. Caen, 1943.

H. Navel, "Recherches sur les institutions féodales en Normandie",载 *Bulletin de la Société des antiquaires de Normandie*, LⅠ, 1948–1951。

G. Duby, *La Société aux* Ⅺ[e] *et* Ⅻ[e] *siècles dans la région mâconnaise*. Paris, 1953.

P. Portejoie, *Le Régime des fiefs d'après la coutume de Poitou*, Mémoires de la Société des antiquaires de l'Ouest, 4e série, Ⅲ, 1959.

G. Chevrier, *Conjectures sur l'originalité du droit féodal dans les deux Bourgognes*, Annales de Bourgogne, 1951.

(7)意大利

P.-S. Leicht, *Storia del diritto pubblico italiano. Lezioni*. Milan, 1938.

C. Cahen, *Le Régime féodal de l'Italie normande*, Paris, 1940.

C.-G. Mor, *L'età feudale*, Milan, 1952, 2 vol.（Storia Politica d'Italia.）

E. Hlawitschka, *Franken, Alemannen, Bayern und Burgunder in Oberitalien*, 774－962, Freiburg i. Br., 1960.

G. Fasoli, "La feudalità siciliana nell'etd di Federico Ⅱ",载 *Rivista di Storiadel Diritto Italiano*, XXIV, 1951。

G. Fasoli, "Lineamenti di politica e di legislazione feudale veneziana in terra ferma", 载 *Rivista di Storia del Diritto Italiano*, XXV, 1952。

P. B. Busdraghi, *La formazione storica del feudo lombardo come diritto reale*, Milano, 1965.

(8)尼德兰

A.-S. Blécourt, de. *Kort begrip van het oud-vaderlandsch burgerlijk recht*. 7e éd. Groningen, 1969, revue par H. F. W. D. Fischer.

5. 个别主题研究

(1)名称释义

K. J. Hollyman, *Le développement du vocbulaire féodal en France pendant le haut Moyen Âge*. Geneva, 1957.

E. Rodon. Binué, *El lenguaje tecnico del feudalismo en el siglo X en Cataluña*, Barcelone, 1957.

J. F. Niermeyer, *De semantiek van "honor" en de oorsprong van het heerlijk gezag*, *Dancwerc. Opstellen aangeboden aan Prof. Dr. D. Th. Enklaar*. Groningen, 1959.

E. Magnou, *Note sur le sens du mot "fevum" en Septimanie et dans la marche d'Espagne à la fin du Xe et au début du XIe siècle*, Annales du Midi, 1964.

J. M. Van Winter, "Uxorem de militari ordine sibi imparem", 载 *Miscella-*

nea Mediaevalia in memoriam J. F. Niermeyer, Groningen, 1967。

(2)封臣与封土

H. Krawinkel, *Feodum*. Weimar, 1938.

F. L. Ganshof, "Les relations feodo-vassaliques aux temps post-carolingiens", 载 *I problemi communi dell' Europa post-carolingia*. Spoleto, 1955 (Settimane di Studi del Centro Italiano di Studi sull'Alto Medioevo, Ⅱ, 1954)。

F. L. Canshof, "Note sur l'apparition du nom de l'hommage particulièrement en France", 载 *Aus Mittelalter und Neuzeit. Festschrift für Gerhard Kallen*. Bonn, 1957。

W. Kienast, *Rechtsnatur und Anwendung der Mannschaft (homagium) in Deutschland während des Mittclalters, Deutsche Landesreferate zum Ⅸ. Internationalen Kongress für Rechtsvergleichung in Paris* 1954, hrsg. von E. Wolff, Düsseldorf, 1955.

M. David, *Le serment du sacre du Ⅸ e au XV e siècle*. Strasbourg, 1951.

M. Bloch, "Les formes de la rupture de l' hommage dans l' ancien droit féodal", 载 *Nouvelle revue historique de droit français et étranger*, xxxvi (1912)。

M. Bloch, "Un problème d'histoire comparée: la ministérialité en France et en Allenlagne", 载 *Revue historique de droit français et étranger*, vii (1928)。

P. Petot, "L'hommage servile: essai sur la nature juridique de l'hommage", 载 *Revue historique de droit français et étranger*, vi (1927)。

J.-F. Lemarignier, *Recherches sur l' hommage en marehe et les frontières féodales*. Lille, 1945.

E. Chénon, *Le Rôle juridique do l' osculum dans l' ancien droit français*, Mémoires de la Société nationale des Antiquaires de France, 8e série, vi, 1919 - 1923.

A. Esmein, "Nouvelles théories sur les origines féodales", 载 *Nouvelle revue historique de droit françaiset étranger*, xviii (1894)。

E. Meynial, "Notes sur la formation de la théorie du domaine divisé du Ⅻ^{e} au ⅩⅣ^{e} siècle chez les romanistes", 载 *Melanges H. Fitting*, ii, Montpellier, 1908。

M. Dillay, "Le 'sevice' annuel en deniers des fiefs de la région angevine", 载 *Mélanges Paul Fournier*, Paris, 1929。

H. Richardot, "Le fief roturier à Toulouse aux Ⅻ^{e} et XIIIe siècles", 载 *Revue historique de droit français et étranger*, 4^{e}série, xiv (1935)。

H. Richardot, "Francs-fiefs. Essai sur l'exemption totale ou partielle des services de fief", 载 *Revue historique de droit français et étranger*, xxvii (1949)。

H. Richardot, "Quelques textes sur la reprise de censive en fief", 载 *ibid.*, xxviii (1950)。

H. Richardot, "À propos des personnes et des terres féodales. Conversions, dissociations, interférences", 载 *Etudes d'histoire du droit privé offertes à Pierre Petot*. Paris, 1959。

H. Richardot, "L'hommage. Sa nature et ses applications dans l'ancien droit français", 载 *Études de droit comparé. Contributions françaises aux* Ⅲ^{e} *et* Ⅳ^{e} *Congrès internationaux de droit comparé*, Paris, 1959。

(3)货币封土

M. Sczaniecki, *Essai sur les fiefs-rentes*. Paris, 1946.(亦参阅 *Revue belge de Philologie et d'Histoire*, xxvii [1949] L. Ganshof 对该著作的评论。)

B. D. Lyon, "The Money Fief under the English Kings(1066 – 1485)", 载 *English Historical Review*, lxvi (1951)。

B. D. Lyon, "Le fief-rente aux Pays-Bas: sa terminologie et son aspect financier", 载 *Revue du Nord*, xxxv, 1953。

B. D. Lyon, "The Fief-Rente in the Low Countries. An Evaluation", 载 *Revue belge de Philologie et d'Histoire*, xxxii, 1954。

B. D. Lyon, *From Fief to Indenture*. Cambridge (Mass.), 1957.

N. Didier, "Les rentes inféodées dans le comté de Hainaut du XIIIe au XVe siècle", 载 *Revue du Nord*, xvii, 1931。

(4)绝对封臣与封臣契约的多重性

F. L. Ganshof, "Depuis quand a-t-on pu en France être vassal de plusieurs seigneurs",载 *Mélanges Paul Fournier*, Paris, 1929。

D. Zeglin, *Der "homo ligius" und die französische Ministerialität*. Leipzig, 1947.

(5)继承权、未成年人与转让权

R. Génestal, *Le garage normand*. Caen, 1911.

H. Legoherel, "Le parage en Touraine-Anjou au Moyen Âge",载 *Revue historique de droit français et étranger*, 1965。

F. L. Ganshof, *Armatura*, Archivum latinitatis medii aevi (Bulletin Du Cange), xv (1941).

N. Didier, "Le droit de liget dans la coutume de Hainaut" ,载 *Revue historique de droit français et étranger*, 1936。

H. Mitteis, *Zur Geschichte der Lehnsvormundschaft*, Festschrift *Alfred Schultze* (Weimar, 1934).再刊于 H. Mitteis, *Die Rechtsidee in der Geschichte*, Weimar, 1957。

L. Faletti, *Le Retrait lignager en droit coutumier français*, Paris, 1923.

W. Coez, *Der Leihezwang*. Eine Untersuchung *zur Geschichte des deutschen Lehnrechtes*, Tübingen, 1962; 极为重要。

(6)对一些特殊封土-封臣关系的研究

F. L. Ganshof, "Note sur le rattachemcut féodal du comté de Hainaut à l'église de Liége", 载 *Miscellanea Gessleriana*, Anvers, 1948。

F. L. Ganshof, R. Van Caenegem, A. Verhulst, "Note sur le premicr traité anglo-flamand de Douvres",载 *Revue du Nord*, XL, 1958。此卷也以 *Melanges dédiés á la mémoirede Raymond Monier*. Paris and Lille, 1958

年出版。

F. L. Ganshof, "Le roi de France en Flandre en 1127 et 1128",载 *Revue historique de droit français et étranger*, 4e série, xxvii (1949)。

W. Ullmann, *Cardinal Roland and Besançon*, Miscellanea Historiae Pontificiae, XVIII, 1954.

H. Mitteis, *Politische Prozesse des früheren Mittelaltcrs in Deutschland und Frankreich*, Sitzungsberichte der Heidelberger Akademie der Wissenschaften, Phil.-Hist. Klasse, Band xvii, Dritte Abhandlung (1927).

(7)西欧封建制度与拜占庭

F. L. Ganshof, "Robert le Frison et Alexis Comnène",载 *Byzantion*, XXXI, 1961。

F. L. Ganshof, "Recherches sur le lien juridique qui unissait les chefs de la Première Croisade à l' empire byzantin", 载 *Mélanges offerts à M. Paul-E. Martin*, Genève, 1961。

J. H. Hill, et L. L. Hill, "The Convention of Alexius Comnenus and Raymond of Saint-Gilles", 载 *The American Historical Review*, LVIII 1953。

(8)封建主义与国家政权

L. Halphen, *La Place de la royauté dans le système féodal*, Anuario de historiadel derecho Español, X (1933).

F. L. Ganshof, "Contribution à l'étude des origines des cours féodales en France",载 *Revue historique de droit français et étranger*, 4e série, vii (1928)。

B. C. Keeney, *Judgement by Peers*, Cambridge (Mass.), 1949.

F. Lot, *Fidèles ou Vassaux*, Paris, 1904.

A. Dumas, "Encore la question 'Fidèles ou Vassaux? ",载 *Nouvelle Revue historique de droit français et étrange*, xliv (1920)。

J. Dhondt, *Étude sur la naissance des principautés territoriales en France*, Bruges, 1948.

H. Mitteis, *Der Staat des hohen Mittelalters*. 4e éd. Weimar, 1953.

E. Lousse, *La Société d'Ancien Régime*. Ⅰ, Louvain-Paris, 1943.

B. Meyer, *Das Lehen in Recht and Staat des Mittelaltcrs*, Zeitschrift für Schweizerische Geschichte, XXVI 1946.

W. Kienast, *Die deutschen Fürsten im Dienste der Westmächte bis zum Tode Philipps des Schönen von Frankreich*. Vols. Ⅰ et Ⅱ (i). Utrecht et Leipzig, 1924 - 1931.

W. Kienast, *Untertaneneid und Treuvorbehalt*, Zeitschrift der Savigny Stiftung für Rechtsgeschichte, Germanistische Abteilung, 1948.

W. Kienast, *Untertaneneid und Treuvorbehalt in Frankreich und England*. Weimar, 1952.

E.-E. Stengel, *Land und Lehnrechtliche Grundlagen des Reichsfürstenstandes*, Zeitschrift der Savigny Stiftung für Rechtsgeschichte, Germanistische Abteilung, 1948.

T. Mayer, *Fürsten and Staat*. Weimar, 1950.

J.-F. Lemarignier, "Les fidèles du roi de France", 载 *Recueil de travaux offerts à M. C. Brunel*, Paris, 1955。

J.-F. Lemarignier, *Le Gouvernement royal aux premiers temps capétiens*, Paris, 1965. 见我们对这部重要著作的评论："L'entourage des premiers Capétiens", 载 *Revue historique de droit français et étranger*, 1968。

补充书目(1982年)

1.惯制比较史中的封建主义

F.L.Ganshof, R.C.van Caeegem, *Les Institutions féodo-vassaliques*, Bruxelles, 1972.

A.R.Lewis, *Midi français, Irak Buwayhide et Japon. Étude comparée des féodalités, 946－1055 (Les Structures sociales de l' Aquitaine, du Languedoc et de l' Espagne au premier âge féodal)*, Paris, 1969.

J.S.Critchley, *Feudalism*, London, 1978.

2.封建主义通论

G.Fourquin, *Seigneurie et Féodalité au Moyen Âge*, Paris, 1970.

B.D.Lyon, *The Feudalism of Marc Bloch*, Tijdschrift voor geschiedenis, 1963.

J.P.Poly, E.Bournazel, *La Mutation féodale*, Paris, 1980 (Nouvelle Clio).

C.van de Kieft, De feodale maatschappij der middeleeuwen, Bijdragen en Mededelingen betreffende de geschiedenis der Nederlanden, t. LXXXIX, 1974, pp.193－211.

3.起源及法兰克时期

F.L.Ganshof, *Note sur la concession d' alleux à des vassaux sous le règne de Louis le Pieux*, Storiografia e Storia. Studi in onore di E. Dupré Theseider, Rome, 1974.

D. R. Kelley, De origine feudorum. *The Beginnings of an Historical Problem*, Speculum, t. XXXIX, 1964.

4. 不同国家的封建主义

(1)德意志

D. von Gladiss, *Die Schenkungen der deutschen Könige zum priva-ten Eigen*, Deutsches Archiv für Erforschung des Mittelalters, I, 1937.

G. Droege, *Pfalzgrafschaft*, *Grafschaften und allodiale Herrschaften zwischen Maas und Rhein in Salisch-Staufischer Zeit*, Rheinische Vierteljahrsblätter, 26, 1-2, 1961.

G. Theuerkauf, *Das Lehnswesen in Westfalen*, Westfälische Forschungen, 17, 1964.

W. Goez, *Lehnrecht und Staatsgewalt im deutschen Hochmittelalter*, Göttingen, 1969 (Historische Texte, Mittelalter II).

G. Koebler, *Lehnsrechtbücher* dans *Handwörterbuch zur deutschen Rechtsgeschichte*, II, Berlin, 1978.

V. Roedel, *Lehnsadel*, *Lehnsgebraüche*, *Lehnsretrakt*, *Lehnschulden*, *Lehnstaxe*, *Lehnsvormundschaft*, *Handwörter buch zur deutschen Rechtsgeschichte*, II, Berlin, 1978.

K. H. Spiess, *Lehnbuch*, *Lehnregister*, *Lehnsanwartschaft*, *Lehn-saufgebot*, *Lehnsauftrag*, *Lehnsbrief*, *Lehnsdienst*, *Lehnseid*, *Lehnsemeuerung*, *Lehnsfähigkeit*, *Lehnsgericht*, *Lehnsgesetze*, *Lehnskuss*, *Lehnspflichten*, *Lehnrecht*, *Lehnswesen*, *Lehnsrevers*, *Lehnsträger*, *Lehnsvertrag*, *Handwörter buch zur deutschen Rechtsgeschichte*, II, Berlin, 1978.

B. Diestelkamp, *Das Lehnrecht der Grafschaft Katzenelnbogen*, 1969.

(2)英格兰

对于F.斯滕顿爵士关于英国封土-封臣各制度起源的观点,英国史学家分为反对与赞成两派。反对者一派中,有上文提到的理查森(H. G.

Richardson)与塞尔斯(G. V. Sayles),还有下列著作的作者:

E. John, "English Feudalism and the Structure of Anglo-Saxon Society",载 *Bulletin of the John Rylands Library*, 46, 1963－1964 (*Orbis Britanniae and other Studies*, Leicester, 1966 年重印)。

E. John, *Land Tenure in Early England. A Discussion on Some Problems*, Leicester, 1960.

F. Barlow, *The Effects of the Norman Conquest* (见作品集: *The Norman Conquest. Its Setting and Impact*, London, 1966).

赞成者有:

J. C. Holt, "Feudalism revisited",载 *Economic History Review*, 2nd series, 14, 1961－1962。

J. O. Prestwich, "Anglo-Norman feudalism and the problem of continuity",载 *Past and Present*, 26 nov. 1963。

R. A. Brown, *The Norman Conquest*, Transactions of the Royal Historical Society, 5th Serie, 17, 1967.

其他:

C. W. Hollister, *Military obligation in late Saxon and Norman England* (*Ordinamenti Militari in Occidente nell' Alto Medioevo*, Spoleto 1968. *Settimane di Studio del Centro Italiano di Studi sull' Alto Medioevo*, XV, 1).

J. Boussard, *La Diversité et les Traits particuliers du régime feudal dans l' Empire Plantagenêt* (Annali della Fondazione Italiana per la Storia amministrativa, I, 1964):英格兰及法兰西西部。

R. C. van Caenegem, *De feodaliteit in Engeland van Willem de Veroveraar tot Magna Carta*, Bijdragen en Mededelingen betreffende de geschiedenis der Nederlanden 89, 1974.

J. F. C. Milsom, *The Legal Framework of English feudalism*, Cambridge, 1976.

R. A. Brown, *Origins of English Feudalism*, New York, 1973.

(3)比利时

E. Warlop, *The Flemish Nobility before 1300*, Kortrijk, 1975.

(4)西班牙

P. Bonnassié, "Les conventions féodales dans la Catalogne du Ⅺ^{e} siècle", *Les Structures sociales de l'Aquitaine, du Languedoc et de l'Espagne au premier âge féodal*, Paris, 1969.

H. Grassotti, *Las instituciones feudovasallaticas en Léon y Castilla*. Ⅰ. El vasallaje. Ⅱ. La recompesa vasallatica; Spoleto, 1969, 2 vol. (Centro italiano di Studi sull' Alto Medioevo, 4).

H. Grassotti, "La durée des concessions bénéficiaires en Léon et en Castille: les cessions ad tempus", *Les Structures socials de l'Aquitaine, du Languedoc et de l'Espagne au premier âge féodal*, Paris, 1969.

Th. N. Bisson, "Feudalism in Twelfth Century Catalonia", *Structures féodales et féodalisme dans l'Occident méditerranéen* (colloque CNRS, Rome, 1978), Paris, 1980.

(5)法兰西

Les Structures sociales de l'Aquitaine, du Languedoc et de l'Espagne au premier âge féodal, Paris, 1969.

J.-F. Lemarignier, *La France médiévale. Institutions et société*, Paris, 1970 (collection "U").

G. Chevrier, "L'Originalité du droit franc-comtois", Tijdschrift voor Rechtsgeschiedenis, *Revue d'histoire du droit*, 27, 1959.

J. Yver, *Les Premières Institutions du duché de Normandie*, Spoleto, 1969 (Settimana di Studi del Centro italiano di Studi sull' Alto Medioevo, ⅩⅥ, 1968).

W. M. Newman, *Les Seigneurs de Nesle en Picardie* (Ⅻ^{e} –ⅩⅢ^{e} *siècle*), 2 vol.,

Paris, 1971.

M. Garaud, *Les Châtelains de Poitou et l' avènement du régime féodal* (*XIe – XIIIe siècle*) (Mémoires de la Société des Antiquaires du Poitou, 4e série, t. VIII, Poitiers, 1967).

A. R. Lewis, *La Féodalité dans le Toulousain et la France méridionale*, Annales du Midi, 76, 1964.

A. R. Lewis, *The Development of Southern France and Catalan Society* (*718—1050*), Austin (Texas), 1965.

E. Magnou-Nortier, *La Société laïque et l' Église dans la province ecclésiastique de Narbonne de la fin du VIIIe à la fin du XIe siècle*, Toulouse, 1972.

G. Beech, "A Feudal Document of Early Eleventh Century Poitou", 载 *Mélanges René Crozet*, Poitiers, 1966。

G. Giordanengo, "Documents sur l'hommage en Dauphiné et en Provence (1157 – 1270)", 载 *Mélanges de l' École française de Rome* (Moyen Âge, Temps modernes), 92, 1980。

M. Gramain, "Castrum, Structures féodales et peuplement en Biterrois au XIe siècle", 载 *Structures féodales et féodalisme dans l' Occident méditerranéen* (colloque CNRS, Rome, 1978), Paris, 1980。

(6)意大利

E. Besta, *Storia del diritto italiano. Diritto pubblico*, II, Milano, 1949.

M. Caravale, *Il Regno Normanno di Sicilia*, Milano, 1966.

A. Boscolo, *Il feudalismo in Sardegna*, Cagliari, 1967.

G. Vergottini, de *Studi sulla legislazione imperiale di Federigo II in Italia*, Milano, 1952.

G. Tabacco, *Fief et seigneurie dans l' Italie communale. L' évolution d' un thème historique*, Le Moyen Âge, 75, 1969.

G. Tabacco, *L' allodialità del potere nel medioevo*, Studi medievali, XI, n° 2, 1970.

(7)尼德兰

P. Gerbenzon, N. E. Algra, *Voortgangh des Rechtes*, 5e éd., Alphen aan den Rijn, 1979.

5. 个别主题研究

(1)名称释义

M. François, "Auxilium et consilium dans la langue et la pensée médiévales", 载 *Bulletin de la Société nationale des Antiquaires de France*, 1967。

J. Devisse, *Essai sur l'histoire d'une expression qui a fait fortune: consilium et auxilium au IXe siècle*, Le Moyen Âge, 1968.

P. van Luyn, *Les Milites dans la France du XIe siècle*, Le Moyen Âge, 1971.

J.-P. Poly, "Vocabulaire 'féodo-vassalique' et aires de culture durant le haut Moyen Âge", 载 *La Lexicographie du latin médiéval et ses rapports avec les recherches actuelles sur la civilisation du Moyen Âge* (colloque CNRS, Paris, 1978), Paris, 1981。

G. Giordanengo, "Vocabulaire et formulaire féodaux en Provence et en Dauphiné (XIIe – XIIIe siècle)". 载 *Structures féodales et féodalisme dans l'Occident méditerranéen* (colloque CNRS, Rome, 1978)。

E. Magnou, *Note sur le sens du mot fevum en Septimanie et dans la Marche d'Espagne à la fin du Xe et au début du XIe siècle*, Annales du Midi, 1964.

(2)封臣与封土

H. Vidal, "Le *feudum honoratum* dans les cartulaires d'Agde et de Béziers", *Hommage à André Dupont. Études médiévales et languedociennes*, Montpellier, 1974.

P. Petot, Le mariage des vassales, *Revue historique de droit français et étranger*, t. LVI 1978.

E. Magnou-Nortier, *Fidélité et féodalité méridionales d'après les serments de fidélité* (*X*^e^ *– début XII*^e^ *siècle*). *Les structures socials de l'Aquitaine, du Languedoc et de l'Espagne au premier âge féodal* (colloque CNRS, Toulouse, 1968), Paris, 1969.

(3)对一些特殊封土-封臣关系的研究

G.J.Edwards, *The Principality of Wales* (*1267—1967*). *A study in Constitutional History*, Caernavonshire Historical Society, 1969.

F.L.Ganshof, "Observations sur deux chartes intéressant l'histoire de la comtesse de Flandre et de sa Cour au début du XIIIe siècle", *Mélanges Edmond-René Labande*, Poitiers, 1975.

H.Thomas, *Die lehnrechtliche Beziehungen der Herzogtum Lothringen zum Reich von der Mitte des 13. bis zur Ende der 14. Jahrhundert*, Rheinische Vierteljahrsblätter, t. XXXVIII, 1974.

(4)西欧封建制度与拜占庭

W.Ullmann, "The Constitutional Relationship", *The Individual in Society in the Middle Ages*, Baltimore, 1966.

(5)封建主义与国家政权

H. Kammler, *Die Feudalmonarchien. Politische und Wirtschaftlichsozial Faktoren ihrer Entwicklung und Funktionsweise*. Köln-Wien, 1974.

Th.N.Bisson, *The Problem of Feudal Monarchy*: *Aragon*, *Catalonia*, *and France*, Speculum, 1978.

缩写符号

MM.GG.：Monumenta Germauiae Historica.

SS.Rer.Merov.：Scriptores Rerum Merovingicarum (in－4°).

SS.：Scriptores (in－f°).

LL.Nat.Germ.：Leges Nationum Germanicarum (in－4°).

Epp.：Epistolae (in－4°).

a°：anno (année).

ais：annis (années).

ca：circa (environ).

c.：caput (chapitre).

P.J.：pièces justificatives.

名词索引

（词条中的页码为原书页码，即本书边码）

本索引只包括与封土-封臣制度史有直接关系的专门名词，没有收入频见于现代法语的词汇，如恩地、封土、臣服、再封土、封土式、封君、效忠誓言、封臣。但在它们成为本书某个部分名词释义的主题或被应用于词组时，便列出它们的一个词条。譬如，fief（封土）词条见于相关名称论述，以及讨论 fiefs de bourse（金钱封土）、fiefs de liges（绝对封土）、fiefs de reprise（回收封土）等名称的页码。索引中没有 sermentde fidélité（效忠誓言）这个词条，拉丁语、中世纪法语或其他语言中表达同一概念的词汇，见于不同的词条。然而，以拉丁语、中世纪法语的许多非常相近的词汇，或者以一个具有不同形式的词汇表示同一种惯制时，这些词汇或这些词汇形式均集于一个单独的词条之下，例如，hominium、hominagium、hominaticum、hom(m)agium（臣服礼）或 fief、fieffe、fiez，就是如此。当表示同一种惯制的拉丁词、法语词极为相似，且涉及处数量不多时，这些词汇均被合并于同一个词条之下，如 antrustio、antrustion（亲兵队）。为了研究方便，与同一情况相关的名词的参照信息列入词条之末。

G

I

J

M

N

S

W

译　后　记

“封建”一词是近代中国学术史上的大概念，与此大概念密不可分的“封建制度”、“封建主义”、“封建专制”、“封建思想”、“封建意识”等概念的使用极度频繁；如果列举近百年流行的“关键词”的话，则“封建”一词必列乎其中。在距今不远的时代，“封建”一词曾因领袖著作的使用而被推向千家万户，成为妇孺皆知的名词。然而，这个万口流传的“封建”术语，在本质内涵上，却是既有违于中国古代典籍“封邦建国”的本意，也有异于西方近代以来学者（包括马克思主义经典作家）使用的 feudalism 概念，以至于形成一个至今仍令人感到滑稽又无奈的窘境：中外学界在使用“封建”概念时自说自话，驴唇不对马嘴。

我国传统学术固有其优点，但缺点亦甚明显，其最显著者有三：一是缺乏清楚的概念厘定，论证不严，随意比附。如“道”、“气”、“太极”等关键概念流行两千余年，至今未见有清楚的界定，“运用之妙，存乎一心”的玄学传统，至今仍为人津津乐道，乃至视为至宝。二是重权威而轻逻辑。近代以前士子著述须以“子曰诗云”（所谓“圣人之言”）为至上准绳，否则即被斥为离经叛道，狂悖荒诞；而近现代学人立说则须以“经典著作”为终极标准，否则即被视为异端邪说、臆断妄言。三是重书本而轻实验。所谓“格物致

知”，多为皓首穷经，坐而论道，以实践（实验）为真知之源而身体力行者，如果不是绝无，亦是罕见。传统学术之弊，具体表现为“联想多而思想少，相像多而实验少，比喻多而推理少。持论之时，合于三段论法者绝鲜，出之于比喻者较繁”（傅斯年：《中国学术思想之基本误谬》，《新青年》1918 年，第 4 卷，第 4 号）。

《何为封建主义》对“封建”概念的限定极为严格而明确，对“封建主义”的研究具有典范性，是概念研究的经典著作，其所用 féodalité ——英文译作 feudalism——概念的核心，是封君与封臣之关系：封臣（附庸）对封君（领主）之服从与役务（主要是军役），封君对封臣之保护与豢养，与维系二者关系之封土（采邑）；其研究地域主要限于卢瓦尔河和莱茵河之间，而时间主要限于 10—12 世纪。从学术史角度，冈绍夫所主张的“封建主义”乃是欧洲学界长期坚持的传统概念。要理解马克·布洛赫《封建社会》对广义“封建主义”研究的贡献，以及此后国际学术界对“封建主义”观念的修正与发展，须从认识、理解冈绍夫的“封建主义”概念开始。

本书主体（第二、三部分）由卢兆瑜据英文版完成。此著最初以法文写成，最近又有法文新版（巴黎 2015 年）问世，我从法文新版及 1957 年法文版完整地校译一遍。虽小心翼翼、兢兢业业，力求减少乃至避免讹误，但讹误不会遂人所愿而完全消失，敬希读者指正。

张绪山于北京清华园

2015 年 12 月

图书在版编目(CIP)数据

何为封建主义/(比)弗朗索瓦・冈绍夫著;张绪山,卢兆瑜译.—北京:商务印书馆,2017
(汉译世界学术名著丛书:120年纪念版:珍藏本)
ISBN 978-7-100-14252-6

Ⅰ.①何… Ⅱ.①弗… ②张… ③卢… Ⅲ.①封建制度—研究 Ⅳ.①D033.2

中国版本图书馆 CIP 数据核字(2017)第 137784 号

汉译世界学术名著丛书
(120年纪念版・珍藏本)
何为封建主义
〔比利时〕弗朗索瓦・冈绍夫 著
张绪山 卢兆瑜 译

商务印书馆出版
(北京王府井大街36号 邮政编码100710)
商务印书馆发行
北京通州皇家印刷厂印刷
ISBN 978-7-100-14252-6

2017年12月第1版 开本 710×1000 1/16
2017年12月北京第1次印刷 印张 16¾
定价:80.00元